DESARROLLE
el LÍDER *que*
ESTÁ EN USTED

Sotka te pido
al Señor te continue
llenando de la mano
y cumplir tu propósito
en ti.. y que este libro
sea el comienzo en
tu formación del gran
líder que se llegaras
a ser.   Nov 14.09

DESARROLLE
el LÍDER *que*
ESTÁ EN USTED

JOHN C. MAXWELL

GRUPO NELSON
Una división de Thomas Nelson Publishers
Desde 1798

NASHVILLE   DALLAS   MÉXICO DF.   RÍO DE JANEIRO   BEIJING

© 2009 por Grupo Nelson®
© 1996 por Editorial Caribe
Publicado en Nashville, Tennessee, Estados Unidos de América.
Grupo Nelson, Inc. es una subsidiaria que pertenece
completamente a Thomas Nelson, Inc.
Grupo Nelson es una marca registrada de Thomas Nelson, Inc.
www.gruponelson.com

Título en inglés: *Developing the Leader Within You*
© 1993 por John C. Maxwell
Publicado por Thomas Nelson, Inc.

Traducción: *Guillermo Vásquez*
Adaptación del diseño al español: *Grupo Nivel Uno, Inc.*

ISBN: 978-1-60255-315-6

Edición revisada por Lidere

www.lidere.org

Impreso en México
Printed in Mexico

09 10 11 12 13 QW 9 8 7 6 5 4 3

Dedico este libro al hombre que más admiro:
un amigo cuyo contacto me conforta,
un guía cuya sabiduría me dirige,
una persona cuyas palabras me animan,
un líder al que me encanta seguir…
Mi padre,
Melvin Maxwell

CONTENIDO

INTRODUCCIÓN

Fue un momento que nunca olvidaré. Estaba dictando una conferencia sobre liderazgo y acababa de hacer una pausa de quince minutos. Un hombre llamado Bob corrió hacia mí y me dijo: «¡Usted ha salvado mi carrera! Le agradezco mucho». Cuando ya se iba lo detuve y le pregunté: «¿De qué manera he salvado su carrera?» Respondió: «Tengo cincuenta y tres años, y en los últimos diecisiete he estado en una posición que requiere liderazgo. Hasta hace poco luchaba demasiado, debido a mi absoluta falta de capacidad de liderazgo y de éxito. El año pasado asistí a uno de sus seminarios sobre liderazgo, y allí aprendí ciertos principios que puse en práctica inmediatamente en el trabajo. Y dieron resultado. El personal comenzó a seguir mis instrucciones lentamente al inicio, pero ahora con mejor disposición. Yo tenía mucha experiencia pero no mucha habilidad. ¡Gracias por haberme hecho líder!»

Testimonios como el de Bob me han animado a dedicar la mayor parte de mi tiempo al desarrollo de líderes. Es la razón por la que dicto seminarios sobre liderazgo en Estados Unidos y en otros países, alrededor de diez veces al año. Es también la razón de este libro.

Lo que ustedes van a leer es la culminación de todo lo aprendido en veinte años de dirigir gente. Durante doce años he enseñado estos principios de liderazgo y he observado, con gran satisfacción, cómo hombres y mujeres se han vuelto más efectivos para dirigir a otros. Ahora tengo la oportunidad de exponer estos principios a ustedes.

La clave del éxito de cualquier esfuerzo está en la capacidad de dirigir a otros con éxito

Todo se levanta o se viene abajo a causa del liderazgo. Cuando hago esta afirmación, los oyentes intentan cambiarla a: «*Casi* todo se levanta o se viene abajo a causa del liderazgo». La mayor parte de las personas buscan la excepción en vez de ser excepcionales.

Ahora mismo usted dirige con un nivel determinado de habilidad. Para ejemplificar este principio digamos que en una escala de uno a diez, su capacidad de liderazgo alcanza el nivel de seis. Esto es lo que sé: la efectividad de su trabajo nunca sobrepasará a su capacidad de dirigir e influir en los demás. Una persona no puede producir en forma sostenida a un nivel más alto que el de su liderazgo. En otras palabras, su capacidad de liderazgo determina el nivel de éxito propio y el éxito de los que trabajan con usted.

Hace poco leí en la revista *Newsweek*, las palabras del presidente de Hyatt Hotels: «Si hay algo que he aprendido durante mis veinte y siete años en la industria del servicio, es esto: el noventa y nueve por ciento de los empleados quieren desempeñar un buen trabajo. La manera cómo lo realizan es simplemente un reflejo de aquel para quien trabajan».[1]

Esta anécdota humorística subraya la importancia del liderazgo efectivo: Durante una reunión de ventas, el gerente se quejaba con el cuerpo de vendedores por las desconsoladoras cifras bajas de ventas. «Estoy harto del pobre rendimiento y de las excusas», afirmaba. «Si ustedes no pueden hacer el trabajo, tal vez haya otros vendedores que estarían felices de vender los excelentes productos que cada uno de ustedes tiene el privilegio de representar». Entonces, señalando a un vendedor recién incorporado, un futbolista retirado, añadió: «Si un equipo de fútbol no está ganando, ¿qué sucede? Los jugadores son reemplazados. ¿No es así?»

La pregunta quedó flotando en el aire durante unos cuantos segundos; entonces el ex futbolista respondió: «En realidad, señor, si todo el equipo falla, por lo general se busca un nuevo entrenador».[2]

El liderazgo es algo que se puede enseñar

El liderazgo no es ninguna especie de club exclusivo para «los que ya nacieron con la membresía». Las características personales que constituyen la materia prima del liderazgo pueden adquirirse. Enlácelas con el deseo de ser líder y nada le impedirá llegar a serlo. Este libro le suministrará los principios del liderazgo. Usted debe suministrar el deseo.

Leonard Ravenhill en «The Last Days News Lettter» cuenta de un grupo de turistas que visitaban una aldea pintoresca. Cuando pasaron cerca de un hombre sentado junto a una valla, uno de los turistas le preguntó de una manera altiva: «¿Han nacido hombres notables en esta aldea?»

El viejo respondió: «No, solamente niños».

El liderazgo se desarrolla, no se manifiesta. El verdadero «líder nato» siempre surgirá, pero para permanecer en la cúspide debe desarrollar las características propias del liderazgo. Trabajando con miles de personas deseosas de llegar a ser líderes, he descubierto que todas ellas encajan en una de las cuatro categorías o niveles de liderazgo:

El líder dirigente:

- Nace con cualidades de liderazgo.
- Ha visto modelarse el liderazgo a través de toda la vida.
- Ha aprendido más sobre liderazgo por medio de una capacitación.
- Tiene autodisciplina para llegar a ser un gran líder.
Nota: Tres de estas cuatro cualidades se adquieren.

EL LÍDER QUE SE HA FORMADO:

- Ha visto modelarse el liderazgo la mayor parte de su vida.
- Ha aprendido sobre liderazgo por medio de capacitación.
- Tiene autodisciplina para llegar a ser un gran líder.

Nota: Las tres cualidades se adquieren.

EL LÍDER LATENTE:

- Ha visto modelarse el liderazgo recientemente.
- Está aprendiendo a ser líder por medio de capacitación.
- Tiene autodisciplina para llegar a ser un buen líder.

Nota: Las tres cualidades se adquieren.

EL LÍDER LIMITADO:

- Tiene pocos nexos o ninguno con líderes.
- No ha recibido capacitación o ésta ha sido escasa.
- Tiene deseos de llegar a ser líder.

Nota: Las tres cualidades pueden adquirirse.

HAY MUY POCOS LIBROS SOBRE LIDERAZGO; LA MAYORÍA TIENE QUE VER CON LA ADMINISTRACIÓN

Parece que hay mucha confusión sobre la diferencia entre «liderazgo» y «administración».

John W. Gardner, ex Secretario del Departamento de Salud, Educación y Bienestar Social, quien dirige un proyecto de estudio sobre el liderazgo en Washington, D.C., ha señalado cinco características que separan a los «administradores líderes» de los «administradores comunes y corrientes»:

1. Los administradores líderes son pensadores con visión a largo plazo que vislumbran más allá de los problemas del día y los informes trimestrales.

2. Los administradores líderes se interesan en sus compañías sin limitarse a las unidades que dirigen. Quieren saber cómo todos los departamentos de la compañía se afectan unos a otros, y constantemente traspasan sus áreas específicas de influencia.

3. Los administradores líderes enfatizan la visión, los valores y la motivación.

4. Los administradores líderes tienen fuerte capacidad política para enfrentar los conflictos inherentes a los múltiples constituyentes.

5. Los administradores líderes no aceptan el «status quo».[3]

La administración es el proceso de asegurar que el programa y objetivos de la organización se implementen. El liderazgo, en cambio, tiene que ver con suscitar una visión y una motivación en la gente.

> Las personas no quieren ser manejadas. Quieren ser dirigidas. ¿Alguien ha oído de un administrador mundial? De un líder mundial, sí. De un líder educativo, sí. De un líder político, religioso, explorador, comunitario, laboral, empresarial. Sí, ellos dirigen, no administran. La zanahoria siempre logra más que el látigo. Pregúntele a su caballo. Usted puede dirigir su caballo hacia donde hay agua, pero no puede obligarlo a beberla. Si usted quiere manejar a alguien, manéjese a usted mismo. Haga eso bien y estará listo para dejar de manejar y comenzar a dirigir.[4]

- Saber cómo hacer un trabajo es el logro del esfuerzo laboral.
- Mostrar a otros es el logro de un maestro.
- Asegurarse de que el trabajo sea hecho por los demás es el logro de un administrador.

- Inspirar a otros para hacer un mejor trabajo es el logro de un líder.

Mi deseo es que usted pueda realizar el trabajo de un líder. Este libro está destinado a alcanzar esa meta. Mientras lo lee y aplica los principios del liderazgo, por favor acuérdese de Bruce Larson. En su libro *Wind and Fire*, Larson señala algunos hechos interesantes sobre las cigüeñas de Sandhill: «Estas aves enormes que vuelan grandes distancias a través de los continentes tienen tres cualidades sobresalientes. Primera, se rotan el liderazgo. Ningún ave permanece al frente de la bandada todo el tiempo. Segunda, escogen líderes que puedan enfrentar las turbulencias. Y luego, durante el tiempo que una de las aves dirige, las demás manifiestan su aprobación con graznidos».

Felizmente usted aprenderá lo suficiente sobre el liderazgo para tomar su lugar al frente de la bandada. Mientras hace ese intento, yo estaré graznando mi aprobación con gran orgullo y una satisfacción profunda.

En todas las épocas llega un tiempo en que es necesario el surgimiento de un liderazgo que llene las necesidades de la hora. Por eso, no hay ningún líder potencial que no encuentre su momento. ¡Lea este libro y alístese para capturar ese momento!

—John C. Maxwell

DEFINICIÓN DE LIDERAZGO:

INFLUENCIA

Todos hablan de él, pocos lo entienden. La mayoría de las personas lo quieren, pocos lo logran. Existen más de cincuenta definiciones y descripciones de liderazgo tan sólo en mis archivos personales. ¿En qué consiste ese intrigante asunto que llamamos «liderazgo»?

Tal vez porque la mayoría de nosotros quiere ser líder nos involucramos emocionalmente al tratar de definir el liderazgo. O, tal vez porque conocemos a un líder tratamos de copiar su conducta y de describir el liderazgo como una personalidad. Pida a diez personas que definan el liderazgo y recibirá diez respuestas diferentes. Después de más de cuatro décadas de observar el liderazgo dentro de mi familia, y después de muchos años de desarrollar mi propio potencial, he llegado a esta conclusión: *El liderazgo es influencia.* Eso es todo. Nada más, nada menos. Mi proverbio favorito sobre el liderazgo es: El que piensa que dirige y no tiene a nadie siguiéndole, sólo está dando un paseo.

James C. George, de la ParTraining Corporation habló de una manera muy efectiva en una reciente entrevista con *Executive Communications:*

> ¿Qué es el liderazgo? Quite, por un momento, los asuntos morales que están detrás de él, y hay solamente una definición: *El liderazgo es la capacidad de conseguir seguidores.*
>
> Hitler fue un líder y también lo fue Jim Jones. Jesús de Nazaret, Martin Luther King, Winston Churchill y John

F. Kennedy, fueron todos líderes. Aunque sus sistemas de valores y capacidades directivas fueron muy diferentes, cada uno tuvo seguidores.

Una vez que usted ha definido al liderazgo como la capacidad de conseguir seguidores, usted vuelve a trabajar desde ese punto de referencia para decidir cómo dirigir.[1]

Allí radica el problema. La mayoría define el liderazgo como la capacidad de alcanzar una posición, no de obtener seguidores. Por lo tanto, van detrás de una posición, rango o título, y cuando los adquieren piensan que ya son líderes. Esta forma de pensar crea dos problemas comunes: Los que poseen el «status» de líder experimentan a menudo la frustración de tener pocos seguidores; y los que carecen de los títulos apropiados pueden no visualizarse como líderes, y por esa razón no desarrollan habilidades de líderes.

El propósito que persigo con este libro es ayudarle a aceptar el liderazgo conceptualizado como influencia (es decir, la capacidad de obtener seguidores), y luego volver a trabajar desde ese punto para ayudarle a aprender cómo dirigir. Cada capítulo está diseñado para poner en sus manos otro principio que le ayudará en el desarrollo de su liderazgo. Este primer capítulo está diseñado para expandir su nivel de influencia.

CÓMO ENTENDER LA INFLUENCIA

TODOS INFLUYEN EN ALGUIEN

Los sociólogos nos dicen que aun el individuo más introvertido influirá en ¡diez mil personas durante toda su vida!

Este sorprendente dato me fue aportado por mi socio Tim Elmore. Tim y yo concluimos que cada uno de nosotros influye y recibe influencia de otros. Eso significa que todos nosotros dirigimos en algunas áreas, mientras que en otras nos dirigen. A nadie se exenta de ser líder o seguidor. Hacer efectivo su potencial de líder es su responsabilidad. En cualquier situación dada, con cualquier grupo dado, hay una persona que ejerce una influencia prominente. Esta persona puede cambiar con un grupo diferente de personas o en una situación diferente para convertirse en alguien que recibe la influencia de otro. Permítame ilustrar esto. La madre puede ejercer una influencia dominante sobre su hijo en la mañana, antes de que comiencen las clases. La madre puede decidir qué debe comer el niño o qué debe vestir. El niño que recibe esa influencia antes de las clases puede convertirse en el que influye sobre otros niños una vez que las clases comienzan. Papá y mamá pueden ir a un restaurante para almorzar, y ambos recibirán la influencia de la mesera que les sugiere la especialidad de la casa. La hora en que la cena se sirve puede ser establecida por el horario de trabajo ya sea del esposo o de la esposa.

El líder prominente de cualquier grupo puede descubrirse muy fácilmente. Sólo observe a la gente cuando se reúne. Si se decide algo, ¿cuál es la persona cuya opinión parece de mayor valor? ¿A quién observan más cuando se discute un asunto? ¿Con quién se ponen de acuerdo más rápido? Y lo que es más importante: ¿A quién le sigue la gente? Las respuestas a estas preguntas le ayudarán a discernir quién es el verdadero líder de un grupo en particular.

NUNCA SABEMOS SOBRE QUIÉN INFLUIMOS O CUÁNTO INFLUIMOS

La manera más efectiva de entender el poder de la influencia, es pensar en las veces que usted ha sido tocado por la influencia de una persona o un acontecimiento. Los grandes acontecimientos dejan marcas indelebles en nuestras vidas y en nuestros recuerdos. Por ejemplo, pregunte a una pareja nacida antes de 1930 qué estaban haciendo cuando supieron que Pearl Harbor había sido bombardeada, y le describirán en detalle sus sentimientos y las circunstancias que vivían cuando oyeron la terrible noticia. Pida a alguien nacido antes de 1955 que describa lo que estaba haciendo cuando se transmitió la noticia de que John F. Kennedy había sido baleado. Tampoco le será difícil a esta persona hallar las palabras para contarlo. Una respuesta similar dará la generación más joven cuando se le pregunte sobre el día en que explotó el *Challenger*. Fueron acontecimientos que impresionaron a todos.

Piense también en las cosas pequeñas o en las personas que influyeron en usted de una manera poderosa. Al reflexionar sobre mi propia vida, pienso en la influencia que tuvo en mí un campamento al que asistí cuando era muchacho, y cómo este me ayudó a decidir qué carrera debía seguir. Recuerdo a mi maestro de séptimo grado, Glen Leatherwood… las parpadeantes luces de nuestro árbol de navidad que me dieron ese «sentimiento de Navidad» cada año… la calificación aprobatoria de un profesor de la universidad… La lista es interminable. La vida consta de influencias que diariamente nos encuentran vulnerables a sus impresiones y, por eso, nos ayudan a moldearnos en las personas que somos.

J. R. Miller lo dijo muy bien: «Ha habido reuniones de sólo un momento que han dejado impresiones para toda la vida, para la eternidad. Nadie puede entender esa cosa misteriosa que llamamos influencia… sin embargo, todos nosotros ejercemos influencia continuamente, ya sea para sanar o para bendecir, para dejar marcas de belleza o para lastimar, para herir, para envenenar, para manchar otras vidas».[2]

Esta verdad también me hace pensar mucho en mi influencia como padre. Un amigo me dio una placa con este poema. La tengo sobre mi escritorio:

El pequeño que me sigue

Quiero ser muy cuidadoso
porque un pequeño me sigue;
no quiero yo desviarme
porque temo que él me siga.

No escapo de su mirada,
lo que me ve hacer también lo intenta.

Como YO soy, quiere ser también,
el pequeño que me sigue.

Debo recordar mientras vivo,
en los veranos soleados y la nieve de invierno,
que estoy construyendo los años
del pequeño que me sigue.

La mejor inversión en el futuro es una adecuada influencia en el presente

El asunto no es si usted influye en alguien o no. Lo que se necesita determinar es qué clase de influencia ejercerá usted. ¿Mejorará su capacidad de liderazgo? En el libro *Leaders*, Bennis y Nanus dicen: «La verdad es que las oportunidades de liderazgo son abundantes y están al alcance de la mayoría de las personas».[3]

¡Usted debe creerlo! El resto de este capítulo pretende ayudarle a que mañana usted marque la diferencia, al convertirse hoy en un mejor líder.

La influencia es una habilidad que se puede desarrollar

Robert Dilenschneider, el jefe ejecutivo de Hill and Knowlton, una agencia mundial de relaciones públicas, es uno de los principales e influyentes corredores de la nación. Con mucha habilidad despliega su magia persuasiva en la arena global donde se reúnen los gobiernos y las megacorporaciones. Recientemente escribió un libro titulado *Power and Influence*, en el que expone la idea del «triángulo de poder» para ayudar a los líderes a seguir adelante. Dice: «Los tres componentes de este triángulo son: comunicación, reconocimiento e influencia. Usted comienza a comunicarse de una manera efectiva. Esto le conduce al reconocimiento, y el reconocimiento a su vez le conduce a la influencia».[4]

Podemos aumentar nuestra influencia y nuestro liderazgo potencial. De esta convicción he desarrollado un instrumento de enseñanza para ayudar a otros a entender sus niveles de liderazgo a fin de que puedan aumentar sus niveles de influencia (véase figura de la página 16).

LOS NIVELES DE LIDERAZGO
NIVEL 1: POSICIÓN

Este es el nivel básico de entrada al liderazgo. La única influencia que se tiene proviene de un título. Las personas que se quedan en este nivel toman parte en derechos territoriales, protocolos, tradición y organigramas. Estos aspectos no son negativos —a menos que lleguen a constituirse en la base para generar la autoridad e influencia— pero son un pobre sustituto de la capacidad de liderazgo.

Una persona puede estar «en control» porque ha sido nombrada para ocupar una posición. En esa posición puede tener autoridad. Pero el verdadero liderazgo es más que tener autoridad, es más que haber recibido capacitación técnica y seguir los procedimientos apropiados. El verdadero liderazgo consiste en ser la persona a quien otros seguirán gustosa y confiadamente. Un verdadero líder conoce la diferencia entre ser un jefe y ser un líder, como se ilustra por lo que sigue:

El jefe maneja a sus trabajadores. El líder los capacita.

El jefe depende de la autoridad. El líder, de la buena voluntad.

El jefe inspira temor. El líder inspira entusiasmo.

El jefe dice: «Yo». El líder dice: «Nosotros».

El jefe arregla la culpa por el fracaso. El líder arregla el fracaso.

El jefe sabe cómo se hace. El líder muestra cómo se hace.

El jefe dice: «Vayan». El líder dice: «¡Vamos!».

CARACTERÍSTICAS DE UN «LÍDER POSICIONAL»

La seguridad se basa en el título, no en el talento. Se cuenta de un soldado raso que en la Primera Guerra Mundial gritó en el campo de batalla: «¡Apaga ese fósforo!», solamente para descubrir para su desgracia que el ofensor era nada menos que el general «Black Jack» Pershing. Cuando el soldado, que temía un severo castigo, trató de disculparse, el general Pershing le dio una palmada en la espalda y le dijo: «No te preocupes hijo. Solamente alégrate de que no soy un subteniente». Es necesario entender muy bien esto: Mientras más alto sea el nivel de capacidad e influencia concomitante, más segura y confiada llega a ser una persona.

Este nivel se obtiene, frecuentemente, por nombramiento. Todos los demás niveles se obtienen por capacidad. En una ocasión Leo Durocher entrenaba en la primera base en un juego de los Giants en West Point. Un cadete bullicioso gritaba y trataba de molestar a Leo: «¡Eh, Durocher!», vociferaba: «¿Cómo pudo un tipo insignificante como tú entrar en las ligas mayores?»

Leo le respondió también a gritos: «¡Mi diputado me nombró!»[5]

Las personas no seguirán a un líder posicional más allá de su autoridad establecida. Harán solamente lo que tengan que hacer cuando se les pida. El estado de ánimo decaído está siempre presente. Cuando el líder carece de confianza, los seguidores carecen de compromiso. Son como el muchacho al que Billy Graham le preguntó cómo encontrar la oficina de correos más cercana. Cuando él le explicó cómo, el doctor Graham le agradeció y le dijo: «Si vienes al centro de convenciones esta noche me oirás decirles a todos cómo llegar al cielo».

«No creo que estaré allí», replicó el muchacho, «usted ni siquiera conoce el camino a la oficina postal».

Los líderes posicionales tienen más dificultad para trabajar con voluntarios, empleados y gente joven. Los voluntarios no tienen que trabajar en la organización, de manera que no hay ninguna palanca

---

económica que pueda accionar el líder posicional para obligarlos a responder. Los empleados participan en la toma de decisiones y resienten el «liderazgo» dictatorial. Los que nacieron después de la Segunda Guerra Mundial, difícilmente se dejan impresionar por los símbolos de autoridad.

A la mayoría de nosotros se nos ha enseñado que el liderazgo es una posición. Nos sentimos frustrados cuando entramos al mundo de la realidad y nos damos cuenta que pocas personas nos siguen por nuestros títulos. Nuestra satisfacción y éxito al dirigir a otros depende de nuestra habilidad para seguir ascendiendo en la escala de los niveles del liderazgo.

NIVEL 2: PERMISO

Fred Smith dice: «Liderazgo es lograr que la gente trabaje para usted cuando no está obligada a hacerlo».[6] Eso sucede únicamente cuando usted sube al segundo nivel de influencia. A la gente no le importa cuánto sabe usted, sino hasta que sabe cuánto le importa la gente a usted.

El liderazgo comienza en el corazón, no en la cabeza. Florece con una relación significativa, no con más reglas.

Los líderes en el nivel de «posición», a menudo dirigen por intimidación. Son como los pollos que el psicólogo noruego T. Schjelderup-Ebbe estudió al desarrollar el principio de «la ley del más fuerte» que se usa ahora para describir todo tipo de agrupaciones sociales.

Schjelderup-Ebbe descubrió que en todo gallinero hay una gallina que por lo general domina a las otras. Ella pueda picotear a las demás sin ser picoteada por ellas. En segundo lugar, aparece una gallina que picotea a todas pero no a la gallina de la cúspide, y las demás se organizan en una jerarquía descendente, que termina con una desventurada que es picoteada por todas sin que ella pueda picotear a ninguna.

En contraste con lo anterior, una persona en el «nivel de permiso» dirigirá por interrelaciones. La agenda no tiene que ver con «la ley del más fuerte» sino con el desarrollo de la gente. En este nivel, el tiempo, la energía y el enfoque se centran en las necesidades y deseos del individuo. Una hermosa ilustración de por qué es tan importante poner a las personas y sus necesidades en primer lugar, se encuentra en la historia de Henry Ford contenida en el libro de Amitai Etzione *Modern Organizations*:

> Él fabricó un carro perfecto, el Modelo T, que acabó con la necesidad de cualquier otro carro. Se centró totalmente en el producto. Quería llenar el mundo con carros Modelo T. Pero cuando la gente vino a él diciéndole: «Señor Ford, quisiéramos un carro de diferente color», recalcaba: «Pueden tener cualquier color que quieran mientras este sea negro». Y allí fue cuando comenzó la decadencia.

Las personas incapaces de construir relaciones sólidas y duraderas, pronto descubrirán que son incapaces de sostener un liderazgo efectivo y permanente. (El capítulo 7, «Desarrollo de su activo más importante: La gente», trata más ampliamente este tema.) Sabemos que usted puede amar a las personas sin dirigirlas, pero no puede dirigir a las personas sin amarlas.

Un día, uno de los miembros del personal de apoyo de alto nivel, Dan Reiland, me hizo entender algo que no he olvidado: «Si el nivel 1, *Posición*, es la puerta al liderazgo, entonces el nivel 2, *Permiso*, es el cimiento».

¡Cuidado! No trate de saltarse ningún nivel. El nivel que a menudo se pasa por alto es el número 2, *Permiso*. Por ejemplo: un esposo va del nivel 1, *Posición*, un título de boda, al nivel 3, *Producción*. Se convierte en un gran proveedor de la familia, pero en el proceso descuida las relaciones esenciales que mantienen unida a una familia. La familia se desintegra y junto con ella el negocio del esposo. Las relaciones implican un proceso que provee el pegamento y mucho del poder de permanencia necesarios para una producción duradera a largo plazo.

NIVEL 3: PRODUCCIÓN

En este nivel comienzan a suceder cosas, cosas buenas. Las ganancias aumentan. El estado de ánimo se eleva. La rotación de personal es baja. Se llenan las necesidades. Se alcanzan las metas. Junto con este crecimiento viene el gran momento. Dirigir e influir en los demás es algo agradable. Los problemas se resuelven con un mínimo esfuerzo. Las estadísticas actualizadas se dan a conocer al personal que sostuvo el crecimiento de la organización. Cada integrante está orientado hacia los resultados. En realidad, los resultados son la principal razón para la actividad.

Hay una gran diferencia entre los niveles 2 y 3. En el nivel de «relaciones» las personas se reúnen solamente para estar juntas. No hay otro objetivo. En el nivel de los «resultados» las personas se reúnen para lograr un propósito. Les gusta reunirse para estar juntas, pero les encanta estar juntas para lograr algo. En otras palabras, están orientadas hacia los resultados.

Son como un personaje representado por Jack Nicholson al que, cuando estaba en un restaurante, en una famosa escena de la película *Five Easy Pieces*, le dicen que no puede pedir como guarnición una orden de pan tostado. Entonces halla una solución creativa: primero, ordena un sándwich de ensalada de pollo en pan tostado, pero luego le dice a la mesera: «No quiero mayonesa sino mantequilla… y quédate con el pollo».

Una de mis historias favoritas es sobre un vendedor viajero recién contratado que envió el informe de sus primeras ventas a la oficina escrito con pésimas faltas de ortografía. Antes de que el gerente de ventas pudiera responderle, el vendedor envió otra carta desde Chicago para informar sobre su trabajo, con tales faltas de ortografía que era muy difícil entenderlo. Temeroso de despedirlo, pero más temeroso aun de no hacerlo, el gerente de ventas llevó el caso al presidente. La mañana siguiente, los miembros del departamento de ventas en su torre de marfil se sorprendieron al leer en el tablero las dos cartas del vendedor ignorante y, por encima de ellas, una nota del presidente escrita también con muy mala ortografía: «Hemos pazado mucho tiempo tratando de escribir bien en ves de tratar de bender. Pongamos atención a las bentas. Quiero que todos lean estas cartas de Gooch que ahora mismo está aciendo un buen travajo. Quiero que salgan y agan lo mismo».

Obviamente, cualquier gerente de ventas querría tener un vendedor que pudiera tanto vender bien, como escribir bien. Sin embargo, muchas personas que han producido grandes resultados no han sido personas «calificadas».

Nivel 4: Desarrollo humano

¿Cómo distingue a un líder? Según Robert Townsend, vienen en todos los tamaños, edades, formas y condiciones. Algunos son administradores con escasa capacidad, otros no son demasiado brillantes. Hay una pista: puesto que algunas personas son mediocres, al verdadero líder se le reconoce porque, de alguna manera, su gente muestra siempre un desempeño superior.

Un líder es grande, no por su poder, sino por su habilidad de hacer surgir poder a otros. El éxito sin que se pueda transmitir a otros es un fracaso. La principal responsabilidad de un trabajador es hacer su trabajo personalmente. La principal responsabilidad de un líder es capacitar a otros para hacer el trabajo (véase capítulo 7).

La lealtad al líder alcanza su nivel más alto cuando el que le sigue ha crecido personalmente gracias a la dirección del líder. Note la progresión: En el nivel 2, el seguidor ama al líder; en el nivel 3, el seguidor admira al líder; en el nivel 4, el seguidor es leal al líder. ¿Por qué? Porque usted se gana el corazón de las personas cuando les ayuda a crecer.

Una de las personas clave del personal de apoyo de alto nivel es Sheryl Fleisher. Cuando ella se unió al equipo no era una persona que influyera en la gente. Empecé a trabajar con ella hasta que verdaderamente llegó a tener influencia. Ahora, tiene mucho éxito ayudando a otros a desarrollarse. Hay un voto de lealtad que Sheryl da a mi liderazgo, y los dos sabemos la razón. El tiempo invertido en ella trajo un cambio positivo. Nunca olvidará lo que hice por ella. Pero también el tiempo que ella ha invertido en otros me ha ayudado en gran manera. Nunca olvidaré lo que ella ha hecho por mí.

Los líderes que le rodean deben ser personas en las que usted personalmente dejó huella o les ayudó a desarrollarse de alguna manera. Cuando eso sucede, el amor y la lealtad se verá en aquellos que están más cerca de usted y en quienes los líderes clave han dejado huella.

Hay, sin embargo, un problema potencial al ascender, como líder, los niveles de influencia, y al sentirse cómodo con el grupo que usted ha capacitado para rodearle: puede no darse cuenta de que muchas personas nuevas lo miran como un líder «posicional» porque no tiene contacto con ellas. Las siguientes sugerencias le ayudarán a ser un capacitador de personas:

Camine lentamente entre la multitud. Halle la forma de estar en contacto con cada persona. En mi congregación de cinco mil miembros, hago lo siguiente:

- Aprender nombres nuevos por medio del directorio con fotografías de los miembros de la iglesia.
- Escribir recados para los miembros de la congregación y leérselos al entregarlos (semanalmente entrego alrededor de 250).
- Leer toda solicitud de membresía.
- Leer y contestar cartas.
- Asistir al evento social organizado por cada grupo de escuela dominical cada año.

Prepare líderes clave. Sistemáticamente me reúno y asesoro a los que tienen influencia dentro de la organización. Ellos, a su vez, transmiten a otros lo que les he dado.

NIVEL 5: PERSONALIDAD

Pasaré poco tiempo hablando de este nivel puesto que la mayoría de nosotros todavía no ha llegado a él. Únicamente una vida entera de liderazgo probado nos permitirá llegar al nivel 5 y cosechar las recompensas satisfactorias por la eternidad. Sólo sé esto: algún día quisiera alcanzar este nivel. Es posible lograrlo.

EL ASCENSO POR LOS ESCALONES DEL LIDERAZGO

He aquí algunas enseñanzas adicionales sobre el proceso de los niveles del liderazgo.

MIENTRAS MÁS ALTO SE SUBE, MÁS TIEMPO SE NECESITA

Cada vez que hay un cambio en su trabajo o usted se une a un nuevo círculo de amigos, comienza de nuevo en el nivel más bajo a subir los escalones.

MIENTRAS MÁS ALTO SE SUBE, MÁS ALTO ES EL NIVEL DE COMPROMISO

Este incremento de compromiso es una calle de dos sentidos. Se demanda un mayor compromiso no solamente de parte de usted sino de parte de las demás personas involucradas. Cuando, ya sea el líder o el seguidor, no quieren hacer los sacrificios que demanda el nuevo nivel, la influencia comienza a decrecer.

MIENTRAS MÁS ALTO SE SUBE, MÁS FÁCIL ES DIRIGIR

Fíjese en la progresión del nivel dos al nivel cuatro. El enfoque va de despertar simpatías por su persona a despertar simpatías por lo que hace a favor del interés común de los comprometidos (a despertar simpatías por lo que hace por ellos personalmente). Cada nivel alcanzado por el líder o los seguidores será una razón más para que la gente quiera seguirle.

Mientras más alto sube, mayor es el crecimiento

El crecimiento se da únicamente cuando tienen lugar cambios efectivos. Los cambios serán más fáciles a medida que ascienda los niveles de liderazgo. Conforme suba, los demás le permitirán y aun le ayudarán a hacer los cambios necesarios.

Nunca abandone el nivel base

Cada nivel se levanta sobre el anterior y se derrumbará si se descuida el nivel inferior, sobre el cual está construido. Por ejemplo, si usted pasa de un nivel de permiso (relaciones), a un nivel de producción (resultados), y deja de preocuparse por las personas que le siguen y le ayudan a producir, podrían desarrollar un sentimiento de estar siendo utilizadas. A medida que usted se traslada de un nivel a otro, su liderazgo con una persona o grupo de personas deberá ser más profundo y más sólido.

Si dirige a un grupo de personas, no estará en el mismo nivel con todas ellas

No todas responderán de la misma manera a su liderazgo.

Para que su liderazgo continúe siendo efectivo es esencial que lleve con usted a los influyentes del grupo hasta alcanzar los niveles más altos

La influencia colectiva de usted y los demás líderes traerá descanso. Si esto no sucede, habrá una división que afectará el interés y la lealtad del grupo.

CONCLUSIONES SOBRE LA INFLUENCIA

Tenemos ahora un plano que nos ayuda a comprender lo que es la influencia y cómo podemos acrecentarla. El plano nos indica que para llegar a la cima hay que hacer dos cosas:

1. Sepa en qué nivel se halla usted en este momento

Puesto que usted estará en diferentes niveles con diferentes personas, necesita saber en qué nivel se encuentran tales personas. Si las personas que ejercen una mayor influencia dentro de la organización están en los niveles más altos y le brindan apoyo, podrá lograr el éxito al dirigir a otros. Si quienes ejercen una gran influencia están en los niveles más altos pero no lo respaldan, pronto surgirán problemas.

2. Conozca y aplique las cualidades que se necesitan para tener éxito en cada nivel

Aquí está una lista de varias características que deben manifestarse con un grado de excelencia antes de que sea posible el avance a otro nivel.

Nivel 1: Posición/derechos

- Conozca bien en qué consiste su trabajo (descripción de trabajo).
- Conozca la historia de la organización.
- Relacione la historia de la organización con la gente de la organización (en otras palabras, sea el jugador de un equipo).
- Acepte la responsabilidad.
- Haga su trabajo con una excelencia duradera.
- Haga más de lo que se espera de usted.
- Ofrezca ideas creativas de cambio y mejoramiento.

Nivel 2: Permiso/relaciones

- Posea un amor genuino por la gente.
- Haga más exitosos a quienes trabajan con usted.
- Vea a través de los ojos de otras personas.
- Guste más de la gente que de los procedimientos.

CINCO NIVELES DE LIDERAZGO

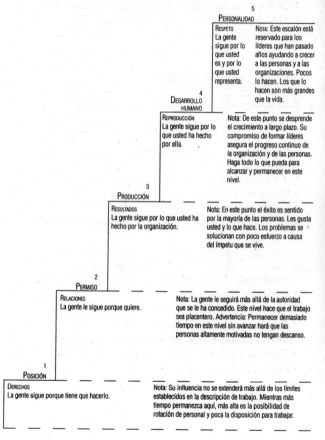

5
PERSONALIDAD

RESPETO
La gente
sigue por lo
que usted
es y por lo
que usted
representa.

NOTA: Este escalón está
reservado para los
líderes que han pasado
años ayudando a crecer
a las personas y a las
organizaciones. Pocos
lo hacen. Los que lo
hacen son más grandes
que la vida.

4
DESARROLLO HUMANO

REPRODUCCIÓN
La gente sigue por lo
que usted ha hecho
por ella.

Nota: De este punto se desprende
el crecimiento a largo plazo. Su
compromiso de formar líderes
asegura el progreso continuo de
la organización y de las personas.
Haga todo lo que pueda para
alcanzar y permanecer en este
nivel.

3
PRODUCCIÓN

RESULTADOS
La gente sigue por lo que usted ha
hecho por la organización.

Nota: En este punto el éxito es sentido
por la mayoría de las personas. Les gusta
usted y lo que hace. Los problemas se
solucionan con poco esfuerzo a causa
del ímpetu que se vive.

2
PERMISO

RELACIONES
La gente le sigue porque quiere.

Nota: La gente le seguirá más allá de la autoridad
que se le ha concedido. Este nivel hace que el trabajo
sea placentero. Advertencia: Permanecer demasiado
tiempo en este nivel sin avanzar hará que las
personas altamente motivadas no tengan descanso.

1
POSICIÓN

DERECHOS
La gente sigue porque tiene que hacerlo.

Nota: Su influencia no se extenderá más allá de los límites
establecidos en la descripción de trabajo. Mientras más
tiempo permanezca aquí, más alta es la posibilidad de
rotación de personal y poca la disposición para trabajar.

- Triunfe o no haga nada.
- Acompáñese de otros en su trayectoria.
- Trate con sabiduría a la gente difícil.

Nivel 3: Producción/resultados

- Inicie y acepte la responsabilidad de crecer.
- Desarrolle y siga una declaración de propósito.
- Haga de su descripción de trabajo y de la energía, una parte integrante de la declaración de propósito.
- Desarrolle responsabilidad por los resultados, comenzando por usted mismo.
- Conozca y haga las cosas que brindan una alta retribución.
- Comunique la estrategia y visión de la organización.
- Conviértase en un agente de cambio y detecte cuándo es el tiempo oportuno.
- Haga las decisiones difíciles que producirán un cambio.

Nivel 4: El desarrollo humano/reproducción

- Comprenda que las personas son su activo más valioso.
- Dé prioridad al desarrollo de las personas.
- Sea un modelo que los demás imiten.
- Ponga todos sus esfuerzos de liderazgo en el veinte por ciento de la gente de más alto nivel.
- Exponga a los líderes clave a oportunidades de crecimiento.
- Atraiga a otros ganadores/productores hacia la meta común.
- Entréguese de corazón de tal manera que esto complemente su liderazgo.

Nivel 5: Personalidad/respeto

- Sus seguidores son leales y están dispuestos a sacrificarse.
- Usted ha pasado años dirigiendo y formando líderes.
- Usted ha llegado a ser un estadista/asesor y es buscado por otros.
- Su mayor satisfacción se deriva de observar el desarrollo y el crecimiento de los demás.
- Usted trasciende la organización.

Todos somos líderes porque todos influimos en alguien. No todos pueden ser grandes líderes, pero todos pueden llegar a ser mejores líderes. Ahora, hay solamente dos preguntas que tenemos que contestar: «¿Puede usted desatar todo su potencial de liderazgo?» «¿Quiere usted utilizar su capacidad de liderazgo para mejorar a la humanidad?» Este libro se escribió para ayudarle a hacer ambas cosas.

Mi influencia

Mi vida tocará docenas de vidas
antes de que termine el día.
Dejará incontables marcas buenas y malas,
antes de que el sol se ponga.

Esto es lo que siempre deseo,
y esta la oración que siempre elevo:
Señor, que mi vida ayude a las otras vidas
que toca al ir por el camino?[7]

PASOS QUE DEBE DAR PARA DESATAR SU POTENCIAL DE LIDERAZGO

REPASO:

1. El liderazgo es_____.

2. Los cinco niveles de liderazgo son:

    (1) _____

    (2) _____

    (3) _____

    (4) _____

    (5) _____

3. ¿En qué nivel estoy ahora en relación con la mayoría de las personas?

    _____

4. ¿En qué nivel estoy ahora en relación con otros influyentes?

    _____

RESPONDA:

1. Haga una lista de los cinco influyentes más importantes de la organización.

    a) ¿En qué nivel de influencia está con respecto a ellos?

    b) ¿En qué nivel de influencia están ellos con respecto a otros?

2. Emplee una hora al mes con cada uno de los cinco influyentes más importantes, para construir una relación con ellos individualmente.

3. Emplee dos horas al mes con los influyentes más importantes reuniéndose con ellos como grupo, a fin de ayudarlos a desarrollarse. Emplee una de las dos horas para repasar un capítulo de este libro. Emplee la otra hora haciendo, junto con ellos, un proyecto que mejore la organización.

4. Repase las características de cada uno de los cinco niveles de liderazgo y escoja tres en las que se sienta débil y necesite desarrollarse.

(1)

(2)

(3)

Dos

LA CLAVE DEL LIDERAZGO:

PRIORIDADES

Recientemente, cuando asistía a una conferencia, oí a un orador decir: «Hay dos cosas que son las más difíciles de lograr que la gente haga: pensar y hacer todo en orden de importancia». Añadió que estas dos cosas son las que diferencian a un profesional de un aficionado.

Yo también creo que planear y establecer prioridades para las responsabilidades es lo que señala la mayor diferencia entre un líder y un seguidor porque:

- Las personas prácticas saben cómo lograr lo que quieren.
- Los filósofos saben lo que deben querer.
- Los líderes saben cómo lograr lo que ellos deben querer.

Se puede definir al éxito como *el logro progresivo de una meta predeterminada*. Esta definición nos dice que la disciplina para establecer prioridades y la capacidad para trabajar en dirección a una meta establecida, son esenciales para el éxito de un líder. De hecho, son la clave del liderazgo.

> El éxito es el logro progresivo de una meta predeterminada.

Hace muchos años, cuando estaba empeñado en obtener la licenciatura en administración, aprendí el Principio de Pareto. Se lo llama comúnmente el Principio 20/80. Aunque en aquella ocasión recibí poca información al respecto, comencé a aplicarlo en mi vida. Veinte años más tarde encuentro que es la herramienta más útil para determinar prioridades en la vida de cualquier persona o de cualquier organización.

El Principio de Pareto

El 20% de sus prioridades le darán el 80% de
su producción
SI
dedica su tiempo, energía, dinero y personal
al 20% de las prioridades establecidas a la cabeza de la lista.

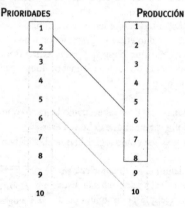

EL PRINCIPIO DE PARETO
EL PRINCIPIO 20/80

La línea continua del Principio 20/80 de la página anterior representa a una persona u organización que emplea tiempo, dinero, energía y personal en las prioridades más importantes. El resultado es una retribución cuádruple en productividad. Las líneas punteadas representan a una persona u organización que emplea tiempo, energía, dinero y personal en prioridades menores. El resultado es una retribución muy pequeña.

Ejemplos del Principio de Pareto:

Tiempo	El 20% de nuestro tiempo produce el 80% de los resultados.
Asesoría	El 20% de la gente ocupa el 80% de nuestro tiempo.
Productos	El 20% de los productos rinde el 80% de las ganancias.
Lectura	El 20% del libro tiene el 80% del contenido.
Trabajo	El 20% del trabajo aporta el 80% de satisfacción.
Discurso	El 20% de la presentación produce el 80% del impacto.
Donaciones	El 20% de la gente dará el 80% del dinero.
Liderazgo	El 20% de las personas hará el 80% de las decisiones.
Comida al aire libre	El 20% de la gente comerá el 80% de los alimentos.

Todo líder necesita entender el Principio de Pareto en el área de supervisión y liderazgo. Por ejemplo, el 20% de la gente de una organización será responsable del 80% del éxito. La siguiente estrategia capacitará a un líder para aumentar la productividad de una organización.

1. Determine qué personas son el 20% de los principales productores.

2. Emplee el 80% del «tiempo dedicado a su gente» con el 20% de los mejores.

3. Invierta el 80% del dinero dedicado al desarrollo de personal, en el 20% de los mejores.

4. Determine cuál 20% del trabajo da el 80% de retribución, y capacite a un asistente para que haga el 80% del trabajo

menos efectivo. Esto libera al productor para hacer lo que hace mejor.

5. Pida que el 20% de los mejores capacite ejerciendo sus funciones al siguiente 20%.

Recuerde, enseñamos lo que sabemos: reproducimos lo que somos. Se engendra lo semejante.

Enseño este principio en las conferencias sobre liderazgo. A menudo me preguntan: «¿Cómo identifico al 20% de los mejores influyentes/productores en mi organización?» Le sugiero hacer una lista de todos los integrantes de su compañía o departamento. Luego, hágase esta pregunta pensando en cada persona: «Si esta persona ejerce una acción negativa contra mí o me quita el apoyo, ¿cómo será el impacto que producirá?» Si usted no podrá funcionar sin ella, marque ese nombre. Si la persona le ayuda o le perjudica, pero no puede hacerle mella en términos de su capacidad para hacer las cosas importantes, entonces no ponga una marca en ese nombre. Cuando haya terminado de marcar los nombres, habrá marcado entre el 15 y 20% de las personas. Esas son las relaciones vitales que se necesita desarrollar y a las que hay que dar la cantidad adecuada de recursos necesarios para el crecimiento de la organización.

> La eficiencia es la base para sobrevivir. La efectividad es la base para el éxito.

NO IMPORTA CUÁN DURO TRABAJA, SINO CUÁN INTELIGENTEMENTE TRABAJA

Le dijeron a un hombre que si trabajaba lo más duro posible podría llegar a ser rico. El trabajo más duro que sabía hacer era cavar hoyos, así que se puso a cavar hoyos enormes en el patio de su casa. No se hizo rico; lo único que ganó fue un dolor de espalda. Trabajó duro, pero trabajó sin prioridades.

Organícese o agonice

La habilidad para hacer juegos malabares con tres o cuatro proyectos de alta prioridad y obtener éxito es un requisito obligatorio en cada líder. Una vida en la que todo pasa, a la larga es una vida en la que nada pasa.

Asigne tipo de prioridad a las tareas

Suma importancia/Suma urgencia: Aborde esos proyectos primero.

Suma importancia/Poca urgencia: Establezca fechas límite para realizarlos y trabaje en ellos en su rutina diaria.

Poca importancia/Suma urgencia: Encuentre maneras rápidas y eficientes para realizar este trabajo sin involucrar a mucho personal. Si es posible deléguelo a un asistente que sea capaz de hacerlo.

Poca importancia/Poca urgencia: Se trata de un trabajo engorroso y repetitivo, como llevar el archivo, por ejemplo. Guarde todo ese trabajo y hágalo en segmentos de media hora una vez a la semana; consiga a alguien que lo haga; o sencillamente no lo haga. Antes de dejar para mañana lo que puede hacer ahora, analice con objetividad. Tal vez pueda posponerlo indefinidamente.

Hace algunos años expuse el Principio 20/80 durante una conferencia en Boston. Pocas semanas más tarde, mi amigo John Bowen me envió un formato que había diseñado con base en la conferencia. Desde entonces lo he usado para establecer mis prioridades. Quizá le sea valioso a usted también (véase la página 26).

PARETO

Fecha_____

LLAMADAS QUE HACER	REALIZADAS		NOTAS PERSONALES	REALIZADAS
1._____	☐		1._____	☐
2._____	☐		2._____	☐
3._____	☐		3._____	☐
4._____	☐		4._____	☐

TIEMPO 20/80

ORDEN DE PRIORIDAD	TIEMPO	DESCRIPCIÓN: LISTA DE COSAS QUE HACER AHORA	CUMPLIDO
		(SUMA IMPORTANCIA; SUMA URGENCIA)	

1._____ ☐
2._____ ☐
3._____ ☐
4._____ ☐
5._____ ☐
6._____ ☐
7._____ ☐
8._____ ☐
9._____ ☐
10._____ ☐

LISTA DE COSAS QUE HACER
(SUMA IMPORTANCIA; POCA URGENCIA)

1._____ ☐
2._____ ☐
3._____ ☐
4._____ ☐

LISTA DE COSAS QUE DELEGAR
(POCA IMPORTANCIA; SUMA URGENCIA)

1._____ ☐
2._____ ☐
3._____ ☐
4._____ ☐

TÓMELO O DÉJELO

Toda persona es o un iniciador o actúa en reacción a algo, cuando se trata de planear. Un ejemplo es nuestro calendario. La pregunta no es «¿Estará lleno mi calendario?», sino «¿Quién llenará mi calendario?» Si somos líderes, la pregunta no es «¿Me entrevistaré con las personas?», sino «¿Con quiénes me entrevistaré?» La observación me ha enseñado que los líderes tienden a iniciar y los seguidores a reaccionar. Observe la diferencia:

LÍDERES	SEGUIDORES
Inician	Reaccionan
Dirigen; toman el teléfono y establecen contacto	Escuchan; esperan que suene el teléfono
Emplean tiempo para planear; anticipan los problemas	Viven al día; reaccionan ante los problemas
Invierten tiempo en las personas	Pasan tiempo con las personas
Llenan el calendario con prioridades	Llenan el calendario con tareas solicitadas

EVALÚE O QUÉDESE ESTANCADO

Un veterano de muchos años de experiencia en la toma de decisiones, me dio este sencillo y breve consejo: «Decida qué hacer y hágalo; decida qué no hacer y no lo haga». La evaluación de prioridades, sin embargo, no es tan sencilla. Muchas veces las opciones no son blancas o negras, sino de muchos tonos grises. He descubierto que lo último que uno sabe es qué debe poner en primer lugar.

Las siguientes preguntas le ayudarán en el proceso de establecer prioridades:

¿Qué se requiere de mí? Un líder puede renunciar a todo menos a su responsabilidad última. La pregunta que se debe contestar siempre antes de aceptar un trabajo nuevo es: «¿Qué se requiere de mí?» En otras palabras: «¿Qué tengo que hacer que nadie más sino yo puede hacer?» Cualesquiera que sean esas cosas, estas deben ponerse en los primeros lugares de la lista de prioridades. El no hacerlo le colocará a usted entre los desempleados. Habrá muchas responsabilidades que caigan dentro de los niveles inferiores a su posición, pero unas, aunque pocas, requieren que usted sea el único y solamente el único que pueda hacerlas. Distinga entre lo que usted debe hacer y lo que usted puede delegar a alguna otra persona.

Tómese un minuto y haga una lista de lo que se requiere de usted en su trabajo (estableciendo prioridades si es posible).

1.

2.

3.

4.

¿Qué me da la mayor retribución? El esfuerzo empleado debe aproximarse a los resultados esperados. Una pregunta que me hago continuamente es: «¿Estoy haciendo lo mejor y recibiendo una buena retribución para la organización?» Los tres problemas más comunes en muchas organizaciones son:

- Abuso: Muy pocos empleados hacen mucho.
- Desuso: Muchos empleados hacen poco.
- Mal uso: Muchos empleados están haciendo cosas equivocadas.

Bo Jackson jugó como defensa en el equipo de fútbol americano de la preparatoria. Era bueno, pero no condujo su equipo a ningún campeonato. De hecho, terminaron la temporada con tres victorias y siete derrotas. En Auburn University, cuando todos los que jugaban en la retaguardia se lastimaron, el entrenador de Bo le pidió ocupar su lugar «hasta que los jugadores regulares sanaran». Bo tenía temor, pero obedeció. El resto es historia. Este es un excelente ejemplo de cumplir con los asuntos que tienen que ver con la «retribución».

Tómese un minuto y haga una lista de todo lo que le da la mayor retribución en su trabajo.

1.

2.

3.

4.

¿Qué es lo más gratificante? La vida es demasiado corta como para no divertirse. Nuestro mejor trabajo es aquel del cual disfrutamos. Hace algún tiempo hablé en una conferencia de líderes en la que intenté enseñar este principio. El título de mi conferencia era: «Acepte este trabajo y ámelo». Animé a los oyentes a encontrar algo

que les gustara tanto que gustosamente lo hicieran por nada. Luego les sugerí que aprendieran a hacerlo tan bien que la gente estuviera feliz de pagarles por eso. Andy Granatelli dijo que cuando usted tiene éxito en algo, eso no es trabajo; es una forma de vida. Usted lo disfruta porque está dando su contribución al mundo. ¡Yo lo creo! Tómese un minuto y haga una lista de lo que es más satisfactorio en su trabajo.

1.

2.

3.

4.

El éxito en su trabajo aumentará si las tres erres (Requerimientos/Retribución/Recompensa) son iguales. En otras palabras, si los requerimientos de mi trabajo son semejantes a mis esfuerzos que me dan la más alta retribución, y el hacerlos me produce gran satisfacción, entonces tendré éxito si actúo de acuerdo con mis prioridades.

PRINCIPIOS PARA ESTABLECER PRIORIDADES

LAS PRIORIDADES NUNCA PERMANECEN ESTANCADAS

Las prioridades cambian y demandan atención continuamente. H. Ross Perot dijo que todo lo que es excelente o digno de alabanza permanece sólo por un momento en el «filo cortante» y constantemente se debe luchar por eso. Las prioridades bien establecidas siempre estarán al «filo».

- Evalúe: Cada mes revise las tres erres (Requerimientos/ Retribución/Recompensa)
- Elimine: Pregúntese: «¿Qué de lo que estoy haciendo lo puede realizar alguien más?»
- Aprecie: ¿Cuáles son los proyectos más importantes que se están realizando este mes y qué tiempo tomarán?

> Usted no puede sobreestimar la nula importancia de algo.

USTED NO PUEDE SOBREESTIMAR LA NULA IMPORTANCIA DE ALGO

Me encanta este principio. Es un poco exagerado pero se necesita hablar de él. William James dijo que el arte de ser sabio es el «arte de saber qué pasar por alto». Lo insignificante y lo mundano roban mucho de nuestro tiempo. La mayoría vive para las cosas equivocadas.

El doctor Anthony Campolo nos habla de un estudio sociológico en el que a cincuenta personas de más de noventa y cinco años les hicieron una pregunta: «Si pudiera vivir su vida otra vez, ¿qué cosa haría de diferente manera?» Era una pregunta abierta y estos ancianos dieron múltiples respuestas. Sin embargo, tres respuestas se repitieron constantemente y predominaron en el estudio. Las tres respuestas fueron:

- Si tuviera que hacerlo otra vez, reflexionaría más.
- Si tuviera que hacerlo otra vez, me arriesgaría más.
- Si tuviera que hacerlo otra vez, haría más cosas que continuaran viviendo después de que yo muriera.

A una joven concertista de violín le preguntaron cuál era el secreto de su éxito. Ella respondió: «Descuido planeado». Luego explicó: «Cuando estaba en la escuela había muchas cosas que demandaban mi tiempo. Cuando iba a mi cuarto después del desayuno, tendía mi cama, arreglaba la habitación, barría y hacía cualquier cosa que me llamara la atención. Después corría a mi práctica de violín. Me di cuenta que no estaba progresando como pensaba que debería. Así que cambié el orden de las cosas. Hasta que terminaba mi tiempo de práctica, deliberadamente descuidaba todo lo demás. Creo que mi éxito se debe a ese programa de descuido planeado».[1]

LO BUENO ES ENEMIGO DE LO MEJOR

La mayoría de las personas pueden establecer prioridades fácilmente cuando se enfrentan con lo bueno o con lo malo. El problema surge cuando nos enfrentamos con dos cosas buenas. ¿Qué debemos hacer? ¿Qué hacer si ambas cosas llenan todos los requerimientos, tienen retribución, y nos recompensan por nuestro trabajo?

Cómo romper la atadura entre dos buenas opciones

- Pregunte a su supervisor o a sus colaboradores cuál es su preferencia.
- ¿Alguna de las opciones puede ser manejada por alguien más? Si es así, deléguela y trabaje en la que sólo usted puede hacer.
- ¿Qué opción sería de mayor beneficio para el cliente? A menudo somos como el comerciante que se empeñaba tanto en mantener limpia la tienda que nunca abría la puerta. ¡La verdadera razón para tener una tienda es para que entren los clientes, no para tenerla limpia!
- Tome su decisión basándose en el propósito de la organización.

El guardián de un faro que trabajaba en una sección rocosa de la costa, recibía su nuevo suministro de petróleo una vez al mes para mantener la luz encendida. Como no estaba muy lejos de la orilla, tenía frecuentes visitas. Una noche, una mujer de la aldea le rogó que le diera un poco de petróleo para mantener el calor en su hogar. En otra ocasión, un padre le pidió un poco para su lámpara. Otro necesitaba un poco de petróleo para lubricar una rueda. Como todas las peticiones le parecían legítimas, el guardián del faro trató de agradar a todos y les concedió lo que pedían. Al final del mes notó que le quedaba muy poco petróleo. Pronto, éste se terminó y el faro se apagó. Esa noche varios barcos chocaron contra las rocas y se perdieron muchas vidas. Cuando las autoridades investigaron, el hombre estaba muy arrepentido. Ante sus excusas y lamentaciones, la respuesta de ellos fue: «Le hemos dado petróleo solamente con un propósito: ¡mantener el faro prendido!»

USTED NO PUEDE TENERLO TODO

Cada vez que mi hijo Joel Porter y yo entrábamos a una tienda, le decía: «No puedes tenerlo todo». Como a muchas personas, a él le es muy difícil eliminar cosas de su vida. El 95% para lograr algo consiste en saber lo que se quiere. Hace muchos años leí este poema de William H. Hinson:

> El que busca una cosa, y solamente una,
> tiene la esperanza de encontrarla antes de que la vida
>   termine.
> Pero el que busca todas las cosas dondequiera que va
> obtendrá de todo lo que siembra
> una cosecha estéril de remordimiento.

Un grupo de personas se preparaba para ascender a la cumbre de Mont Blanc en los Alpes franceses. La noche anterior a la ascensión, un guía francés explicó cuál era el principal prerrequisito para el éxito. Dijo: «Para llegar a la cima, deben portar solamente el equipo necesario para la ascensión. Deben dejar atrás todos los accesorios innecesarios. Ascender es difícil».

Un joven inglés no estuvo de acuerdo y a la mañana siguiente apareció con una manta de colores brillantes bastante pesada, grandes trozos de queso, una botella de vino, un par de cámaras con varias lentes colgando de su cuello y unas barras de chocolate. El guía le dijo: «Nunca llegará con todo eso. Debe llevar lo absolutamente necesario para ascender».

Pero voluntarioso como era, el inglés decidió ascender por su propia cuenta, para demostrar al grupo que podía hacerlo. El grupo siguió su marcha bajo la dirección del guía, cada uno llevando sólo lo absolutamente necesario. En el camino hacia la cima de Mont Blanc comenzaron a encontrar cosas que habían sido abandonadas. Primero, encontraron una manta de colores brillantes, luego algunos trozos de queso, una botella de vino, equipo fotográfico y barras de chocolate. Cuando por fin llegaron a la cima el inglés ya estaba allí. Sabiamente había dejado todo lo innecesario a lo largo del camino.

DEMASIADAS PRIORIDADES NOS PARALIZAN

Todos nosotros hemos visto nuestros escritorios llenos de memos y papeles, hemos oído sonar el teléfono, y hemos visto abrirse la puerta, ¡todo al mismo tiempo! ¿Recuerda el «sudor frío» que se siente?

William H. Hinson nos explica por qué los domadores llevan una silla, cuando entran en la jaula de los leones. Tienen sus látigos, por supuesto, y también sus pistolas. Hinson dice que la silla es el instrumento más importante del entrenador. La sostiene por el respaldo y apunta las patas hacia la cara de la fiera. Los que saben de esto dicen que el animal trata de concentrar su atención en las cuatro patas a la vez. En el intento de concentrarse en las cuatro, le sobreviene una especie de parálisis, y se vuelve dócil, débil e incapaz, porque su atención está fragmentada. (Ahora tendremos una mayor empatía por los leones.)

Un día, Sheryl, una de los miembros más productivos del personal de apoyo de alto nivel, vino a verme. Se veía exhausta. Me di cuenta que estaba sobrecargada de trabajo. Su lista de «cosas que hacer» parecía demasiado larga. Le pedí que hiciera una lista de todos sus proyectos. Juntos establecimos las prioridades. Todavía puedo ver la expresión de alivio en su cara al percatarse de que la carga se aligeraba.

Si usted está sobrecargado de trabajo, haga una lista de las prioridades en una hoja de papel antes de llevar el asunto a su jefe para que él establezca las prioridades.

Al final de cada mes planeo y establezco prioridades para el siguiente mes. Me siento con Bárbara, mi asistente, y le pido que escriba esos proyectos en el calendario. Ella maneja cientos de cosas que tengo que hacer mensualmente. Sin embargo, cuando algo es de Suma importancia/Suma urgencia, le pido que lo ubique por encima de otras cosas que están en el calendario. Los verdaderos líderes han aprendido a decir «no» a lo bueno para decir «sí» a lo mejor.

Cuando las pequeñas prioridades demandan mucho de nosotros, surgen grandes problemas

Robert J. McKain dijo: «La razón por la que la mayoría de las metas principales no se alcanzan es porque empleamos nuestro tiempo haciendo primero las cosas secundarias».

Hace algunos años un titular de prensa hablaba de trescientas ballenas que murieron repentinamente. Las ballenas perseguían sardinas y se quedaron varadas en una bahía. Frederick Broan Harris comentó: «Los pequeños peces condujeron a los gigantes marinos a su muerte... Fueron a una muerte violenta por escoger pequeños fines, por prostituir grandes poderes persiguiendo metas insignificantes».[2]

A menudo las pequeñas cosas de la vida nos hacen tropezar. Un ejemplo trágico es el del avión jumbo jet de Eastern Airlines que se estrelló en los Everglades de Florida. Era el ahora famoso vuelo 401 de Nueva York a Miami y llevaba muchos pasajeros en un día feriado. Cuando el avión se acercaba al aeropuerto de Miami para aterrizar, la luz que indica el descenso del tren de aterrizaje no se prendió. El avión voló en grandes círculos sobre los pantanos de los Everglades mientras la tripulación de cabina examinaba si el tren de aterrizaje realmente no había bajado, o si tal vez la bombilla que emitía las señales estaba dañada.

El ingeniero de vuelo trató de quitar la bombilla, pero esta no se movía. Los demás miembros de la tripulación quisieron ayudarlo. Ocupados en eso, ninguno notó que el avión perdía altura y volaba directamente hacia el pantano. Docenas de personas murieron en el accidente. Mientras una tripulación de pilotos altamente calificados y cotizados perdía el tiempo con una bombilla de setenta y cinco centavos, el avión con sus pasajeros se fue a pique.

LOS PLAZOS Y LAS EMERGENCIAS NOS OBLIGAN A ESTABLECER PRIORIDADES

Encontramos esto en la Ley de Parkinson: Si usted tiene que escribir una sola carta, le tomará un día hacerlo. Si usted tiene que escribir veinte cartas, las hará todas en un día.

¿Cuál es el tiempo en que somos más eficientes en el trabajo? ¡La semana anterior a las vacaciones! ¿Por qué no podemos vivir y trabajar de la manera como lo hacemos la semana antes de dejar la oficina, tomando las decisiones, arreglando el escritorio, devolviendo las llamadas? En condiciones normales, somos eficientes (hacemos las cosas correctamente). Cuando nos sentimos presionados por el tiempo o las emergencias, nos volvemos efectivos (hacemos las cosas debidas). La eficiencia es el fundamento para la supervivencia. La efectividad es el fundamento para el éxito.

En la noche del 14 de abril de 1912, el gran trasatlántico *Titanic* chocó contra un iceberg en el océano Atlántico y se hundió, causando la pérdida de muchas vidas. Una de las anécdotas más curiosas que se contaba de este desastre, es la de una mujer que consiguió un asiento en uno de los botes salvavidas.

Preguntó si podía regresar a su camarote por algo que se había olvidado y le dieron exactamente tres minutos para hacerlo. Corrió por los pasillos pisoteando dinero y piedras preciosas tiradas por todas partes que los pasajeros en su prisa habían dejado caer. Ya en su camarote, pasó por alto sus propias joyas y en vez de ellas tomó tres naranjas. Entonces volvió rápido a su lugar en el bote.

Sólo unas horas antes hubiera sido ridículo pensar que ella hubiera aceptado una canasta de naranjas a cambio de siquiera uno de sus más pequeños diamantes, pero las circunstancias habían transformado de repente todos los valores a bordo del barco. La emergencia había clarificado sus prioridades.

Muy a menudo aprendemos muy tarde lo que es verdaderamente importante

Somos como aquella familia que estaba harta del ruido y del tráfico de la ciudad y decidió mudarse al campo y tratar de vivir en espacios abiertos más amplios. Con la intención de criar ganado, compraron un rancho. Un mes más tarde, algunos amigos fueron a visitarlos y les preguntaron cuál era el nombre del rancho. El padre dijo: «Bueno, yo quise llamarlo el Flying-W y mi esposa quiso llamarlo el Suzy-Q. Pero uno de nuestros hijos quiso el Bar-J, y el otro prefirió el Lazy-Y, así que acordamos llamarlo el Rancho Flying-W, Suzy-Q, Bar-J, Lazy-Y». Sus amigos le preguntaron: «Bueno, ¿Y dónde está el ganado?» El hombre respondió: «No tenemos ninguno. ¡Ninguno sobrevivió a la marca del hierro candente!»

Es desconocido el autor que dijo: «El niño nace con el puño cerrado; el hombre muere con la mano abierta. La vida tiene una manera de hacernos soltar las cosas que pensamos que son muy importantes».

Gary Redding cuenta esta historia del senador Paul Tsongas de Massachusetts. En enero de 1984 anunció que se retiraría del senado de Estados Unidos y no buscaría la reelección. Tsongas era una estrella política. Era un fuerte favorito a la reelección, y se le había mencionado como potencial candidato para la presidencia o vicepresidencia de Estados Unidos.

Pocas semanas antes de su anuncio, a Tsongas le habían diagnosticado una clase de cáncer linfático que no podía ser curado, pero sí tratado. Aparentemente, no afectaría sus capacidades físicas o su expectativa de vida. La enfermedad no obligó a Tsongas a salir del senado, pero sí le obligó a enfrentar la realidad de su propia mortalidad. No podría hacer todo lo que hubiera querido hacer. Por lo tanto, ¿cuáles eran las cosas que verdaderamente quería hacer en el tiempo que le quedaba?

Decidió que lo que más quería en su vida, a lo que no renunciaría si no pudiera tenerlo todo, era estar con su familia y mirar crecer a sus hijos. Preferiría hacer eso a dar forma a las leyes de la nación o dejar su nombre escrito en los libros de historia.

Poco después de tomar su decisión, un amigo le escribió una nota felicitándolo por tener sus prioridades bien establecidas. La nota decía, entre otras cosas: «Nadie dijo jamás en su lecho de muerte: "Hubiera querido pasar más tiempo en mis negocios"».

Tres

EL ELEMENTO MÁS IMPORTANTE DEL LIDERAZGO:

Integridad

El diccionario define la palabra *integridad* como «...el estado de estar completo, no dividido». Cuando tengo integridad, mis palabras y mis obras coinciden. Soy quien soy no importa donde estoy o con quien estoy.

Lamentablemente, la integridad es en la actualidad un producto perecedero. Los patrones morales se desmoronan en un mundo a la caza del placer y los atajos hacia el éxito.

En una solicitud de trabajo, se incluía la pregunta: «¿Ha sido arrestado alguna vez?» El solicitante contestó NO. La siguiente pregunta era una continuación de la primera. Decía: «¿Por qué?» Sin darse cuenta de que no debía contestar, el solicitante «honesto» y bastante ingenuo escribió: «Supongo, porque nunca me han atrapado».

Una caricatura de Jeff Danzinger muestra al presidente de una compañía anunciando a su personal: «Caballeros, este año la estrategia será la honestidad». Desde un lado de la mesa de conferencias, un vicepresidente murmura: «Magnífico». Desde el otro lado de la mesa, otro vicepresidente pronuncia en voz baja: «¡Pero muy arriesgado!»

En otra caricatura del *New Yorker*, dos hombres de mediana edad, bien afeitados, están sentados en la celda de una cárcel. Uno de ellos se vuelve y le dice al otro: «Siempre pensé que nuestros niveles de corrupción se ajustaban a los patrones de la comunidad».

La Casa Blanca, el Pentágono, el Capitolio, la iglesia, el campo deportivo, la academia, aun la guardería, han sido golpeados por el escándalo. En cada caso, pueden trazarse en el mismo nivel la falta de credibilidad y el grado de integridad de los individuos que están dentro de esas organizaciones e instituciones.

Una persona con integridad no divide su lealtad (eso es duplicidad), ni finge ser de otra manera (eso es hipocresía). La gente con integridad es gente «completa»; puede identificarse por tener una sola manera de pensar. Las personas con integridad no tienen nada que esconder ni nada que temer. Sus vidas son libros abiertos. V. Gilbert Beers dice: «Una persona con integridad es la que ha establecido un sistema de valores ante el cual se juzga toda la vida».

La integridad no es tanto lo que hacemos sino lo que somos. Y lo que somos, a su vez, determina lo que hacemos. Nuestro sistema de valores es una parte de nosotros que no podemos separar de nuestra personalidad. Viene a ser el sistema de navegación que nos guía. Permite establecer prioridades en la vida y sirve de patrón para juzgar lo que debemos aceptar o rechazar.

Todo ser humano experimenta deseos encontrados. Nadie, sin importar cuán «espiritual» sea, puede evitar esta batalla. La integridad es el factor que determina cuál prevalecerá. Luchamos todos los días con situaciones que demandan decisiones entre lo que queremos hacer y lo que debemos hacer. La integridad da origen a las reglas básicas para resolver estas tensiones. Determina quiénes somos y cómo responderemos aun antes de que aparezca el conflicto. La integridad amalgama el decir, el pensar y el actuar para formar una persona completa, de manera que no es permisible a ninguno de estos aspectos estar fuera de sincronía.

La integridad nos une interiormente y forja en nosotros un espíritu de contentamiento. No permitirá a nuestros labios violar el corazón. Cuando la integridad sea el árbitro, seremos congruentes; nuestra conducta reflejará nuestras creencias. Nuestras creencias se reflejarán a través nuestro. No habrá discrepancia entre lo que parecemos ser y lo que nuestra familia sabe que somos, ya sea en tiempos de prosperidad o de adversidad. La integridad nos permite predeterminar lo que seremos en tiempos de prueba sin importar las circunstancias, las personas involucradas o los lugares.

La integridad no sólo es el árbitro entre dos deseos. Es el factor fundamental que distingue a una persona feliz de un espíritu dividido. Nos libera para ser personas completas, a pesar de lo que surja en el camino.

«La primera clave para la grandeza», nos recuerda Sócrates, «es ser en verdad lo que aparentamos ser». Muy a menudo tratamos de ser un «hacer humano» antes de lograr ser un «ser humano». Para despertar confianza, un líder tiene que ser auténtico. Para que eso suceda, uno debe actuar a la manera de una composición musical: la letra y la música coinciden.

Si lo que digo y lo que hago es lo mismo, los resultados serán coherentes. Por ejemplo:

Les digo a los empleados: «Lleguen a tiempo».	Llego al trabajo a tiempo.	Llegarán al trabajo a tiempo.
Les digo a los empleados: «Sean positivos».	Muestro una actitud positiva.	Serán positivos.
Les digo a los empleados: «Pongan al cliente en primer lugar».	Pongo al cliente en primer lugar.	Pondrán al cliente en primer lugar.

Si lo que yo hago y digo no es lo mismo, los resultados no serán coherentes. Por ejemplo:

Les digo a los empleados: «Lleguen a tiempo».	Llego al trabajo tarde.	Algunos llegarán a tiempo otros no.
Les digo a los empleados: «Sean positivos».	Muestro una actitud negativo.	Algunos serán positivos otros no.
Les digo a los empleados: «Pongan al cliente en primer lugar».	Me pongo a mí mismo en primer lugar.	Algunos pondrán a los clientes en primer lugar otros no.

El 89% de lo que la gente aprende proviene de un estímulo visual, el 10% de un estímulo auditivo, y el 1% de otros sentidos. De este modo es comprensible que los seguidores muestren una mayor congruencia y lealtad, entre más perciban mediante el oído y la vista la coherencia existente entre la palabra y la acción del líder. *Lo que oyen, entienden. ¡Lo que ven, creen!*

> La integridad no es tanto lo que hacemos sino lo que somos.

Muy a menudo intentamos motivar a nuestros seguidores con artilugios efímeros y superficiales. Lo que la gente necesita no es un lema que diga algo sino un modelo que se vea.

LA PRUEBA DE FUEGO DE LA CREDIBILIDAD

Mientras más credibilidad posea, más confianza tendrá la gente en usted, y en consecuencia le conferirán el privilegio de influir en sus vidas. Mientras menos credibilidad posea, menos confianza depositará la gente en usted y más rápidamente perderá su posición de influencia.

Muchos líderes que han asistido a mis conferencias han expresado: «Ojalá usted pueda darme algunas perspectivas de cómo puedo cambiar mi compañía». Mi respuesta es siempre la misma: «Mi meta es inspirarle para cambiar; si eso sucede, la organización también cambiará». Como lo he dicho una y otra vez, todo se levanta o se viene abajo a causa del liderazgo. El secreto para levantarse y no caer es la integridad. Demos un vistazo a ciertas razones por las cuales la integridad es tan importante.

1. LA INTEGRIDAD PRODUCE CONFIANZA

Dwight Eisenhower dijo:

> Para ser un líder un hombre debe tener seguidores. Y para tener seguidores un hombre debe contar con la confianza de estos. De ahí que la suprema calidad de un líder es, incuestionablemente, la integridad. Sin ella, ningún éxito real es

posible, no importa si se trata de pandillas, equipos de fútbol, el ejército o una oficina. Si los socios de un hombre le hallan culpable de ser un impostor, si descubren que carece de integridad, fracasará. Sus enseñanzas y acciones deben cuadrar. La primera gran necesidad, por lo tanto, es la integridad y propósitos elevados.[1]

Pieter Bruyn, un especialista holandés en administración, sostiene que la autoridad no es el poder que un jefe tiene sobre sus subordinados, sino más bien la habilidad de ese jefe para influir en sus subordinados a fin de que reconozcan y acepten ese poder. El lo llama un «trato»: Los subordinados tácitamente deciden aceptar al jefe como jefe, a cambio de que se les ofrezca la clase de liderazgo que *ellos* pueden aceptar. ¿A qué se reduce la teoría de Bruyn? Muy simple: el administrador debe construir y mantener la credibilidad. Los subordinados deben confiar en que su jefe actuará de buena fe con respecto a ellos.

> Imagen es lo que la gente piensa que somos. Integridad es lo que en realidad somos.

Muy a menudo, las personas que tienen la responsabilidad de dirigir se vuelven hacia la organización para hacer que la gente sea responsable de seguir. Piden un nuevo nombramiento, otra posición, otro organigrama, una nueva política para detener la insubordinación. Lamentablemente, nunca logran tener suficiente autoridad para ser efectivos. ¿Por qué? Ponen la mirada en factores externos cuando el problema radica en los internos. Carecen de autoridad porque carecen de integridad.

En una encuesta de Carnegie-Mellon, solamente el 45% de cuatrocientos administradores creían a su gerente general; una tercera parte desconfiaba de sus jefes inmediatos.[2] Con tanta dependencia de la credibilidad y la confianza, alguien, en toda organización, debe proveer el liderazgo para mejorar estas cifras.

Cavett Roberts, dijo: «Si la gente me entiende, captaré su atención. Si la gente confía en mí, lograré su acción». Para que un líder tenga la autoridad de dirigir, necesita más que exhibir el nombramiento en la puerta. Tiene que ganarse la confianza de quienes le siguen.

2. LA INTEGRIDAD TIENE UN VALOR DE MUCHA INFLUENCIA

Emerson dijo: «Toda gran institución es la sombra ensanchada de un solo hombre. Su carácter determina el carácter de la organización».

Esta afirmación coincide con las palabras de Will Rogers, que dijo: «Las personas cambian de opinión por la observación y no por los argumentos». La gente hace lo que ve.

Según 1,300 ejecutivos de más alto rango que participaron en una encuesta reciente, la integridad es la cualidad humana más necesaria para el éxito de los negocios. El 71% lo ponen en el primer lugar de una lista de dieciséis características que promueven la efectividad de un ejecutivo.

Lamentablemente, en el hogar tendemos a olvidar el valor de suma influencia que es la integridad. R. C. Sproul en su libro *Objections Answered*, cuenta de un joven judío que vivió en Alemania hace muchos años. El muchacho tenía un profundo sentido de admiración por su padre, quien veía que la vida de la familia giraba alrededor de las prácticas religiosas. El padre les llevaba a la sinagoga siempre.

Durante la adolescencia del muchacho, sin embargo, la familia se vio obligada a trasladarse a otro pueblo de Alemania. En ese pueblo no había sinagoga, sino sólo una iglesia luterana. La vida de la comunidad giraba alrededor de la iglesia luterana; las mejores personas pertenecían a ella. De pronto, el padre anunció a la familia que todos iban a abandonar sus tradiciones judías y a unirse a la iglesia luterana. Cuando la familia, pasmada, preguntó la razón, el padre explicó que ello beneficiaría sus negocios. El joven quedó perplejo y confundido. Su profunda desilusión dio paso a la ira y a una amargura intensa que lo atormentó toda la vida.

Poco más tarde el joven fue a estudiar a Inglaterra. Todos los días iba al Museo Británico. Ahí iba dando forma a sus ideas para estructurar un libro. En este introdujo una visión del mundo totalmente nueva y concibió un movimiento cuyo propósito era cambiarlo. Describió a la religión como «el opio de los pueblos». Comprometió a la gente que le seguía a vivir sin Dios. Sus ideas se convirtieron en la norma que regía a los gobiernos de casi la mitad del mundo. ¿Su nombre? Karl Marx, el fundador del movimiento comunista.

La historia del siglo veinte, y quizá la posterior, se ha visto afectada de manera significativa porque un padre distorsionó sus valores.

3. LA INTEGRIDAD FORJA PATRONES ELEVADOS

Los líderes deben regir sus vidas por patrones más elevados que los de sus seguidores. Esta realidad es exactamente opuesta a los pensamientos de la mayoría de las personas en cuanto al liderazgo. En el mundo de la petulancia y los privilegios que acompañan al éxito, se piensa poco en las responsabilidades que conlleva el ascenso. Los líderes pueden renunciar a todo, excepto a la responsabilidad, bien sea la propia o la de sus organizaciones. John D. Rockefeller Jr., dijo: «Creo que cada derecho implica una responsabilidad; cada oportunidad, una obligación; cada posesión, un deber». El diagrama que sigue ilustra este principio.

Un gran número de personas están listas para reclamar sus derechos, pero no para asumir sus responsabilidades. Richard L. Evans, en su libro *An Open Road*, dijo:

No tiene precio encontrar a una persona que acepte una responsabilidad, la cumpla y le dé seguimiento hasta el último detalle; y saber que alguien acepte una tarea que terminará de una manera efectiva y concienzuda. Pero cuando recibimos tareas a medio terminar —es necesario revisar, verificar, editar, interrumpir el pensamiento, y darle atención una y otra vez—, obviamente alguien no se apegó a la doctrina del trabajo completo.

Tom Robbins dijo: «No sea víctima de la época en que vive. Los tiempos no nos harán fracasar más de lo que lo hará la sociedad». Hay en la actualidad una tendencia a absolver a los individuos de la responsabilidad moral y a tratarlos como víctimas de las circunstancias sociales. Usted cree eso y lo paga con su vida. Lo que limita a las personas es la falta de carácter». Cuando el carácter de los líderes es endeble, también lo son sus patrones morales.

4. LA INTEGRIDAD DA COMO RESULTADO UNA REPUTACIÓN SÓLIDA, NO SOLAMENTE UNA IMAGEN

Imagen es lo que la gente piensa que somos. Integridad es lo que realmente somos.

Dos señoras de edad caminaban por el cementerio que circundaba a una iglesia en Inglaterra, y llegaron a una tumba. El epitafio decía: «Aquí yace John Smith, un político y un hombre honrado».

«¡Dios mío!», dijo una señora a la otra, «¿no es horroroso que hayan puesto dos personas en la misma tumba?»

Sin lugar a dudas, todos hemos conocido a personas que no eran lo que aparentaban. Lamentablemente, muchos se han dedicado más a labrar su imagen que su integridad, no entienden cuando de repente «caen». Aun los amigos que pensaban conocerlos resultan sorprendidos.

En la antigua China, el pueblo quería seguridad contra las hordas bárbaras del norte, y por eso construyeron la gran muralla. Era tan alta que creían que nadie podría treparla y tan gruesa que nada podría derribarla. Se dispusieron a disfrutar de su seguridad. Durante los primeros quinientos años de la existencia de la muralla, China fue invadida tres veces. Ni una sola vez las hordas bárbaras derribaron la muralla o treparon por ella. En cada ocasión sobornaron a un portero y entraron por las puertas. Los chinos estaban tan ocupados confiando en la muralla que olvidaron enseñar integridad a sus hijos.

La respuesta a las siguientes preguntas determinará si está construyendo una imagen o la integridad.

Constancia:	¿Es usted la misma persona, no importa quién esté con usted? Sí o no.
Decisiones:	¿Toma decisiones que son las mejores para los demás, aun cuando otra decisión podría beneficiarle a usted? Sí o no.
Crédito:	¿Está siempre dispuesto a dar reconocimiento a las personas que se han esforzado y contribuido para que usted alcance el éxito? Sí o no.

Thomas Macauley dijo: «La medida del verdadero carácter de un hombre es lo que él haría si nunca lo encontraran». La vida es como un tornillo, a veces nos aprieta. En esos momentos de presión se descubrirá lo que está dentro de nosotros. No podemos dar lo que no tenemos. La imagen promete mucho pero produce poco. La integridad nunca desilusiona.

5. Integridad significa vivirla
uno mismo antes de dirigir a otros

No podemos dirigir a alguien, más allá del lugar donde hemos estado nosotros mismos. Muchas veces nos preocupamos tanto por el producto, que tratamos de acortar el proceso. No hay atajos cuando se trata de la integridad. Con el tiempo, la verdad siempre quedará al descubierto.

Recientemente supe de un hombre que entrevistó a un consultor de una de las más grandes compañías de Estados Unidos, sobre el control de calidad. El consultor, dijo: «En el control de calidad no nos preocupa el producto, nos preocupa el proceso. Si el proceso es correcto, el producto está garantizado». Lo mismo se aplica a la integridad: garantiza la credibilidad.

Cuando el *Challenger* explotó, los norteamericanos se quedaron atónitos al descubrir que Control de Calidad había advertido a la NASA que el cohete espacial no estaba totalmente preparado para partir. Pero Producción dijo: «¡El espectáculo debe continuar!» *Estalló*, como muchos líderes.

¡ESPEREN! ¡NO PUEDO NADAR!

Recuerdo haber oído a mi entrenador de básquetbol, Don Neff, enfatizar una y otra vez a nuestro equipo: «Juegan como practican, juegan como practican». Cuando no seguimos este principio, fracasamos en alcanzar nuestro potencial. Cuando los líderes no siguen este principio, con el tiempo perderán su credibilidad.

6. LA INTEGRIDAD AYUDA A UN LÍDER A TENER CREDIBILIDAD Y NO SÓLO A SER LISTO

Recientemente tuve una comida con Fred Smith. Este sabio hombre de negocios me explicó la diferencia entre ser listo y tener credibilidad. Dijo que los líderes listos no perduran. Esta afirmación me recordó las palabras que Peter Drucker dirigió a un grupo de pastores reunidos para discutir asuntos importantes de la iglesia:

> El requerimiento último del liderazgo efectivo es ganarse la confianza de los demás. De otra manera no habría seguidores… Un líder es alguien que tiene seguidores. Confiar en un líder no significa forzosamente estar de acuerdo con él. Confianza es la convicción de que el líder habla en serio cuando dice algo. Es creer en algo muy pasado de moda: la integridad. Las acciones del líder y las creencias profesadas por el líder deben ser congruentes o al menos compatibles. El liderazgo efectivo, y esta es nuevamente sabiduría antigua, no estriba en ser listo, sino en ser congruente.[3]

Los líderes que son sinceros no tienen que anunciarlo. Su sinceridad se ve en todo lo que hacen y pronto llega a ser del conocimiento común. De igual manera, la falta de sinceridad no puede esconderse, disfrazarse o encubrirse, no importa cuán competente pueda ser un administrador.

El único modo de conservar la buena voluntad y la alta estima por parte de los colaboradores es merecerlas. No se puede engañar a la gente todo el tiempo. Cada uno de nosotros, con el tiempo, somos reconocidos exactamente por lo que somos, no por lo que tratamos de parecer.

Ann Landers dijo: «Las personas con integridad esperan que se les crea. Saben que el tiempo demostrará que hacían lo correcto y están dispuestas a esperar».

7. La integridad es un logro muy difícil

La integridad no es un hecho dado en la vida de todo ser humano. Es el resultado de autodisciplina, confianza interna, y una decisión de actuar con una honestidad inexorable en todas las situaciones de la vida. Desafortunadamente, en el mundo actual la firmeza de carácter es una cualidad rara. Como resultado, existen pocos ejemplos contemporáneos de integridad. Nuestra cultura ha producido pocos héroes perdurables, pocos modelos de virtud. Nos hemos convertido en una nación de imitadores, pero hay pocos líderes dignos de imitar.

El significado de integridad se ha desgastado. Suelte esa palabra en las conversaciones en Hollywood, Wall Street, aun de Main Street y a cambio sólo recibirá miradas de asombro. Para la mayoría de la gente, la palabra evoca puritanismo o estrechez mental. En una era en la que se manipula el significado de las palabras, los valores fundamentales tales como integridad pueden ser pulverizados de la noche a la mañana.

La integridad es antitética al espíritu de nuestra época. La filosofía de vida que predomina y que guía nuestra cultura gira alrededor de una mentalidad materialista de consumo. La apremiante necesidad del momento reemplaza a la consideración de valores que tienen repercusión eterna.

Cuando vendemos a alguien, nos vendemos a nosotros mismos. Hester H. Chomondelay destaca esta verdad en su breve poema «Judas»:

> Todavía como antes
> los hombres se ponen precio a sí mismos.
> Por treinta piezas de plata,
> Judas se vendió,
> y no al Señor Jesucristo.

Billy Graham dijo: «La integridad es el pegamento que sostiene nuestra manera de vivir como un todo». Debemos luchar siempre por mantener intacta nuestra integridad.

«Cuando se pierde la riqueza, nada se pierde; cuando se pierde la salud, algo se pierde; cuando se pierde el carácter, todo se pierde».[4]

Al construir su vida sobre el fundamento de la integridad, utilice el poema «¿Soy leal conmigo mismo?» de Edgar Guest, como una «prueba del espejo» para evaluar el avance:

> Tengo que vivir conmigo, y por eso
> quiero encajar bien en mí para saber,
> que puedo, mientras los días pasan,
> mirarme siempre directo a los ojos.
> No quiero que el sol se ponga
> mientras me odio por lo que he hecho.
> No quiero guardar en un armario
> tantos secretos sobre mí.
> Y engañarme mientras entro y salgo,
> pensando que nadie más sabrá
> la clase de hombre que en realidad soy.
> No quiero vestirme de impostura,
> quiero andar con la cabeza erguida,
> mereciendo el respeto de la gente.
> En esta lucha por fama y riqueza
> quiero gustarme a mí mismo.
> No quiero mirarme y saber
> que soy vanidoso y fanfarrón, un ser vacío.
> Nunca podré esconderme de mí mismo,
> veo lo que otros no ven,
> sé lo que otros no saben.
> Nunca podré engañarme, y por tanto
> pase lo que pase, quiero ser
> respetado por mí mismo y tener
> limpia la conciencia.

Después, aplíquese la «prueba del guía». Pregúntese: «¿Soy leal a mi líder?» Joseph Bailey entrevistó a más de treinta altos ejecutivos.

Descubrió que todos aprendieron directamente de un guía.[5] Ralph Waldo Emerson dijo: «Nuestro principal anhelo en la vida es conocer a alguien que haga de nosotros lo que podemos ser». Cuando encontramos a esa persona, necesitamos verificar nuestro crecimiento con regularidad, preguntándonos: «¿Estoy aprovechando cabalmente las enseñanzas que recibo?» Tratar de acortar el proceso le dañará tanto al guía como a usted.

Finalmente, presente la «prueba de las masas». Responda: «¿Soy la verdad para mis seguidores?» Como líderes, pronto entendemos que las decisiones equivocadas no sólo nos afectan a nosotros, sino que afectan a los que nos siguen. Sin embargo, hacer una mala decisión por motivos equivocados es totalmente diferente. Antes de tomar las riendas del liderazgo debemos estar conscientes de que enseñamos lo que sabemos y reproducimos lo que somos. La integridad es un trabajo interno.

Los defensores de dar a los seguidores el ejemplo de un carácter confiable, James P. Kouzes y Barry Posner informan en su libro *The Leadership Challenge*, que los seguidores esperan cuatro cosas de sus líderes: honestidad, competencia, visión e inspiración.[6]

Escriba lo que usted valora en la vida. Una convicción es una creencia o un principio que usted sigue regularmente, por el cual estaría dispuesto a morir. ¿Cuáles son sus convicciones?

Pregunte a personas que le conozcan bien, qué áreas de la vida de usted consideran congruentes (usted hace lo que dice), y qué áreas, incongruentes (usted dice, pero no siempre vive lo que dice).

SÓLO LLEGARÁ A SER LO QUE ESTÁ LLEGANDO A SER AHORA

Aunque no pueda retroceder
y tener un flamante principio, amigo mío,
cualquiera puede comenzar a partir de ahora
y tener un nuevo fin.

LA PRUEBA ESENCIAL DEL LIDERAZGO:

PRODUCIR UN CAMBIO POSITIVO

Cambia el líder, cambia la organización. Todo se levanta o se viene abajo a causa del liderazgo. Sin embargo, he descubierto que no es fácil cambiar a los líderes. En realidad, he descubierto que los líderes se resisten al cambio tanto como los seguidores. ¿Resultado? Líderes que no cambian igual a organizaciones que no cambian. La gente hace lo que ve.

PERFIL DE UN LÍDER CON PROBLEMAS

Observe que de los doce puntos problemáticos de un líder enumerados a continuación, cinco tienen que ver con la falta de voluntad para cambiar. Eso significa problemas para la organización.

- Entiende poco a la gente.
- Carece de imaginación.
- Tiene problemas personales.
- Le echa la culpa al otro.
- Se siente seguro y satisfecho.
- No es organizado.
- Monta en cólera.
- No corre riesgos.
- Es inseguro y está a la defensiva.

- Es inflexible.
- No tiene espíritu de grupo.
- Se resiste al cambio.

Nicolás Maquiavelo dijo: «No hay nada más difícil que hacer, más peligroso de llevar a cabo, o más incierto de su éxito, que tomar la dirección para introducir un nuevo orden de cosas».

Lo primero a cambiar en ese estado de cosas soy yo, el líder. Luego de darme cuenta cuán difícil es cambiarme a mí mismo, entenderé el desafío que implica tratar de cambiar a otros. Esta es la prueba esencial de liderazgo.

Un místico del Medio Oriente dijo:

> De joven fui revolucionario y mi oración permanente a Dios era: «Señor, dame la energía para cambiar el mundo». Cuando llegué a la madurez y vi que había pasado la mitad de mi vida sin cambiar a una sola alma, mi oración se transformó en: «Señor, dame la gracia de cambiar a los que estén en contacto conmigo, sólo a mi familia y amigos, y estaré satisfecho». Ahora que soy viejo y mis días están contados, he comenzado a entender cuán necio he sido. Mi única oración ahora es: «Señor, dame la gracia de cambiar yo mismo». Si hubiera orado así desde el principio no hubiera desperdiciado mi vida.[1]

Howard Hendricks, en su libro *Teaching to Change Lives*, lanza un reto a todo líder potencial:

> Escriba en los márgenes de esta página la respuesta a esta pregunta: ¿Ha cambiado… últimamente? Digamos, ¿en la última semana? ¿O en el último mes? ¿En el último año? ¿Puede especificar? ¿O dará una respuesta muy vaga? Usted

dice que está creciendo, muy bien, ¿cómo? «Bueno», dice usted, «en muchas maneras». ¡Magnífico! Nombre una. Como ve, la enseñanza efectiva proviene únicamente de una persona que ha cambiado. Mientras más cambie, más llegará a ser un instrumento de cambio en las vidas de otros. Si quiere convertirse en agente de cambio, también debe cambiar.[2]

Hendricks también podía haber dicho: Si quiere continuar dirigiendo, debe continuar cambiando. Muchos líderes ya no dirigen. Han llegado a ser como el Henry Ford descrito en la biografía de Robert Lacy, que ha sido un éxito de librería: *Ford, the Man and the Machine*.[3] Lacy dice que Ford era un hombre que amaba a su modelo T, tanto que no quería cambiar un perno en él. Inclusive despidió a William Knudsen, el hombre as en producción, porque pensaba que el modelo T estaba pasando de moda. Eso sucedió en 1912, cuando el modelo T tenía solamente cuatro años de existencia y estaba en la cima de popularidad. Ford acababa de llegar de Europa, y fue a un garaje en Highland Park, Michigan, donde vio el nuevo diseño creado por Knudsen.

Los mecánicos que presenciaron la escena relataron cómo Ford, por un momento, se puso frenético. Escrutó la laca roja que daba brillo a la nueva versión del modelo T. Consideró a esta una monstruosa perversión del diseño de su amado Modelo T. «Ford tenía las manos en los bolsillos y caminó alrededor del carro unas tres o cuatro veces», refería un testigo ocular. «Era un modelo de cuatro puertas y tenía bajada la capota. Por último, llegó al costado de la puerta izquierda, se sacó las manos de los bolsillos, se asió de la puerta y ¡zas! ¡la arrancó!... ¿Cómo lo hizo? ¡No lo sé! Saltó adentro, y echó la otra puerta. Hizo

> Cambia el líder, cambia la organización.

volar el parabrisas. Saltó al asiento de atrás y comenzó a golpear la capota. Le destrozó el techo con el tacón de su zapato. Destrozó el carro todo lo que pudo».

Knudsen se fue a la General Motors. Henry Ford siguió con el modelo T, pero los cambios de diseño en los modelos de los competidores provocaron que el modelo T se viera más anticuado de lo que Ford quería admitir. La necesidad de competencia le empujó finalmente a fabricar el modelo A, si bien nunca lo hizo de corazón. Aunque la General Motors le pisaba los talones, el inventor quería que la vida se congelara donde estaba.

Abundando en este tema, William A. Hewitt, presidente de Deere and Co., dice: «Para ser un líder, usted debe mantener a lo largo de toda su vida la actitud de ser receptivo a las nuevas ideas. La calidad del liderazgo que ejercerá dependerá de su capacidad para evaluar nuevas ideas y de distinguir el cambio por el cambio mismo del cambio en beneficio de los hombres».

EL LÍDER COMO AGENTE DE CAMBIO

Una vez que el líder ha cambiado personalmente y ha discernido la diferencia entre un cambio novedoso y un cambio que se necesitaba, debe convertirse en agente de cambio. En este mundo de cambios rápidos y discontinuidades, el líder debe estar al frente para propiciar el cambio y el crecimiento, y mostrar la manera de lograrlo. En primer lugar, debe comprender los dos requisitos indispensables para producir un cambio: conocer los requerimientos técnicos del cambio, y comprender la actitud y demandas motivadoras para producirlo.

> Cuando usted ha concluido el cambio, usted ha terminado.

Ambos requisitos son extremadamente necesarios. Sin embargo, cuando no se logra el cambio casi siempre es porque ha habido una motivación inadecuada, no por falta de habilidades técnicas.

Un administrador, por lo general, estará más capacitado para los requerimientos técnicos del cambio, mientras que el líder conocerá mejor las demandas motivadoras y de actitud que necesitan los seguidores. Observe la diferencia: Al comienzo, las habilidades del líder son esenciales. Ningún cambio ocurrirá si no se llenan las necesidades psicológicas. Una vez que comienza el cambio, se necesita la capacidad del administrador para mantener el cambio que se necesita.

Bobb Biehl, en su libro *Increasing Your Leadership Confidence*, lo dice de esta manera: «Un cambio puede tener sentido desde el punto de vista lógico y aun conducir a la ansiedad en la dimensión psicológica. Todo el mundo necesita un nicho, y cuando el nicho comienza a cambiar después de que hemos estado cómodos en él, produce estrés e inseguridad. Por lo tanto, antes de introducir un cambio, necesitamos considerar la dimensión psicológica».[4]

Un buen ejercicio, cuando nos enfrentamos al cambio, es hacer una lista de las ventajas y desventajas lógicas que este producirá, y después hacer otra lista indicando el impacto psicológico. El simple hecho de ver esto puede ser esclarecedor. Tal vez se sorprenda a usted mismo diciendo: «No me gusta admitirlo, pero a estas alturas estoy inseguro, aun cuando el cambio sea lógico».

Otra posibilidad es que un cambio quizá no afecte su seguridad psicológica, pero tal vez no tenga sentido una vez examinadas las ventajas y desventajas del mismo. La clave radica en distinguir los aspectos lógicos y psicológicos de cualquier cambio.

UN RECUENTO HISTÓRICO DE LA RESISTENCIA AL CAMBIO

No hay nada más difícil de hacer, más peligroso de llevar a cabo, o más incierto en cuanto al éxito, que introducir cambios. ¿Por qué?

El líder tiene por enemigos a todos los que han hecho un buen trabajo en las antiguas condiciones, y sólo como partidarios tibios a los que podrían hacer las cosas bien con el cambio.

La resistencia al cambio es universal. Se encuentra en todas las clases y culturas. Agarra a cada generación por la garganta e intenta detener todos los movimientos hacia el progreso. Muchas personas bien educadas, luego de ser confrontadas con la verdad no han querido cambiar de idea.

> El crecimiento es igual al cambio.

Por ejemplo, durante siglos la gente creyó que Aristóteles estaba en lo cierto cuando dijo que mientras más pesado fuera un objeto, más rápidamente caería a la tierra. Aristóteles era considerado como el más grande pensador de todos los tiempos y era imposible que estuviera equivocado. Todo lo que se hubiera necesitado para comprobar su afirmación era que una persona decidida tomara dos objetos, uno liviano y otro pesado, y los lanzara desde una gran altura, para ver si en verdad el más pesado llegaba primero al suelo o no. Pero nadie dio este paso sino hasta 2,000 años después de la muerte de Aristóteles. En 1589, Galileo reunió a catedráticos expertos al pie de la torre inclinada de Pisa. Luego subió a la cúspide y arrojó dos objetos de diferente peso, uno de aproximadamente 5 kilogramos y otro de medio kilogramo. Ambos llegaron al suelo al mismo tiempo. Pero el poder de la creencia en la sabiduría tradicional era tan fuerte, que los catedráticos negaron lo que habían visto. Continuaron diciendo que Aristóteles tenía razón.

Con su telescopio, Galileo demostró la teoría de Copérnico, de que la tierra no era el centro del universo; la tierra y los planetas giraban alrededor del sol. Sin embargo, cuando trató de cambiar las creencias de la gente fue arrojado a la cárcel y pasó el resto de su vida bajo arresto domiciliario.

Resistirse al cambio puede, sin que se quiera, afectar a la salud y a la vida de la humanidad como nos demuestra el siguiente relato. Hipócrates describió el escorbuto en los tiempos antiguos. La enfermedad parecía plagar a los soldados en el campo y en las ciudades que estaban bajo estado de sitio por largos períodos. Mas tarde, después del descubrimiento de América, cuando las largas travesías marítimas se hicieron comunes, el escorbuto se diseminó desenfrenadamente entre los marinos. Se sabía poco sobre lo que causaba el escorbuto y menos sobre su cura, aunque se elaboraron teorías y se prescribieron remedios. Ninguno de ellos era del todo efectivo y la mayoría fueron inútiles. En 1553, Cartier hizo su segundo viaje a Terranova. De su tripulación compuesta por 103 hombres, 100 se enfermaron de escorbuto agudo, atravesaban una gran angustia cuando los indios iroqueses de Québec acudieron al rescate con lo que ellos describieron como una «cura milagrosa». Los iroqueses dieron a beber a los enfermos una infusión de corteza y hojas de pino.

En 1553, el almirante Sir Richard Hawkins descubrió que durante todo el tiempo que sirvió en alta mar, diez mil marinos bajo su mando habían muerto de escorbuto. También notó que en su experiencia, las naranjas y los limones agrios habían sido muy efectivos en la cura de la enfermedad. Sin embargo, estas observaciones no tuvieron un efecto arrollador como para crear una conciencia de lo que podría prevenir el escorbuto, y las observaciones del almirante fueron pasadas por alto.

James Lind, un cirujano naval británico que más tarde llegó a ser el jefe médico del Hospital Naval de Portsmouth, Inglaterra, publicó un libro en 1753, en el que afirmaba explícitamente que el escorbuto podía ser eliminado simplemente con suministrar a los marinos jugo de limón. Citó las historias de muchos casos que había conocido en su experiencia como cirujano naval en alta mar; demostró que alimentos como la mostaza, el berro, el tamarindo, las naranjas y los limones prevenían el escorbuto. En realidad, cualquier alimento que contenga vitamina C, la que abunda en frutas cítricas, tomates, y en menor grado en la mayoría de vegetales verdes y otras frutas, previene el escorbuto.

Usted habría esperado con toda razón que el doctor Lind hubiera sido honrado y reconocido por su gran contribución, pero sucedió lo contrario. Fue ridiculizado. Sufrió una frustración y dijo amargamente: «Algunas personas no pueden llegar a creer que una enfermedad tan grave y terrible se cure o se prevenga por medios tan sencillos». Hubieran tenido más fe en compuestos muy elaborados dignificados con el nombre de «el elixir dorado antiescorbútico» o algo semejante. Esas «algunas personas» a las que se refería el doctor Lind fueron lordes del almirantazgo y otros médicos. Ignoraron el consejo de Lind por cuarenta años. Un capitán sí aceptó el consejo, el ahora famoso capitán James Cook, que llenó las bodegas de sus barcos con un buen abastecimiento de frutas frescas.

La Royal Society honró al Capitán Cook en 1776 por su éxito, pero los oficiales de la armada pasaron por alto su informe. No fue sino hasta 1794, el año en que murió el doctor Lind, que un escuadrón naval británico fue abastecido con jugo de limón antes de viajar. En ese viaje, que duró veinte y tres semanas, no hubo un solo caso de escorbuto, pero todavía pasó otra década antes de que se dictaran regulaciones que estipularan que los marinos debían beber una ración diaria de jugo de limón a fin de prevenir el escorbuto. Con este decreto, el escorbuto desapareció de la Armada Británica.[5]

La innecesaria pérdida de vidas solamente porque la gente se resistía al cambio, fue más que desafortunada. Fue vergonzosa. No permita que su actitud hacia el cambio o su predisposición para evitarlo cree obstáculos que vayan en detrimento de su éxito personal como líder.

¿Cómo escribe la palabra «Actitud»?

Instrucciones:

1. Escriba la palabra *actitud* en la línea de la izquierda, con la mano con la que escribe normalmente.

2. Escriba la palabra *actitud* en la línea de la derecha, con la otra mano.

_____   _____

La palabra *actitud* escrita   La palabra *actitud* escrita
con la mano apropiada.   con la otra mano.

Aplicación:

Cuando mira a la palabra *actitud* escrita con la mano con la que no acostumbra escribir, usted ve un ejemplo de la clase de actitud que, por lo general, tenemos cuando tratamos de hacer algo nuevo. Una persona dijo: «Nada debería hacerse nunca por primera vez».

POR QUÉ LA GENTE SE RESISTE EL CAMBIO

En una caricatura de «Snoopy», Carlitos le dice a Lino: «Tal vez puedas darme una respuesta, Lino. ¿Qué harías si sintieras que no le gustas a nadie?» Lino contesta: «Trataría de mirarme objetivamente, y ver qué puedo hacer para *mejorar*. Esa es *mi* respuesta, Carlitos». A lo que Carlitos replica: «¡*Odio* esa respuesta!»

Hay innumerables razones por las que muchos de nosotros, como Carlitos, nos resistimos al cambio.

EL CAMBIO NO COMIENZA SOLO

Cuando las personas no tienen la paternidad de una idea, por lo general se resisten a ella, aun cuando sea para el beneficio propio. No les gusta la idea de ser manipulados, ni sentirse peones del sistema. Los líderes sabios permiten a sus seguidores dar aportaciones y ser parte del proceso de cambio. La mayor parte del tiempo, la clave para mi actitud en cuanto al cambio es si yo soy el que lo inició (en cuyo caso estoy a favor de él) o algún otro me lo impone (lo cual tiende a provocar que me oponga más).

LA RUTINA SE ALTERA

Los hábitos nos permiten hacer las cosas sin pensar mucho, por eso es que la mayoría los tenemos. Los hábitos no son instintos. Son reacciones adquiridas. No suceden espontáneamente; los creamos. Primero, formamos hábitos, pero luego los hábitos nos forman. El cambio amenaza nuestros patrones de hábito y nos obliga a pensar, a reevaluar, y a veces a olvidar el comportamiento pasado.

Cuando era joven me gustaba el golf. Desgraciadamente, aprendí por mi cuenta en vez de tomar lecciones. Después de pocos años y de la inocente adquisición de muchos hábitos malos, jugué un partido con un excelente jugador. Al finalizar el juego, me dijo en tono de broma que mi principal problema parecía ser que estaba muy cerca de la pelota ¡después que la golpeaba! Luego, con toda seriedad, se ofreció a ayudarme. Me explicó con franqueza cuánto necesitaba hacer cambios si quería mejorar. Cuando le pedí especificar cuáles eran los cambios que necesitaba realizar, me dijo: «¡Todos!» Para el año siguiente tuve que desaprender los viejos hábitos. Fue una de las experiencias más difíciles de mi vida. Muchas veces tuve la tentación de volver a mis viejos hábitos para sentir el alivio temporal de un duro esfuerzo y seguir jugando mal.

EL CAMBIO PRODUCE TEMOR A LO DESCONOCIDO

El cambio significa viajar por aguas desconocidas, y esto nos produce inseguridad. Por eso muchas personas se sienten más cómodas con los viejos problemas que con las nuevas soluciones. Son como la congregación que necesitaba desesperadamente un nuevo templo, pero tenía miedo de arriesgarse. Durante un servicio, cayó yeso del techo y fue a parar al presidente de la junta. Se convocó de inmediato a una reunión, y se tomaron las siguientes decisiones:

Uno: Construiremos un templo nuevo.
Dos: Construiremos un templo nuevo en el mismo lugar que el viejo.
Tres: Usaremos los materiales del viejo para construir el nuevo.
Cuatro: Seguiremos reuniéndonos en el templo viejo hasta que se construya el nuevo.

Algunas personas se abren al cambio siempre y cuando no les ocasione inconvenientes ni les cueste nada.

EL PROPÓSITO DEL CAMBIO NO ESTÁ CLARO

Los empleados se resisten al cambio cuando lo conocen a través de una fuente de segunda mano. Cuando se ha tomado una decisión, entre más tiempo pase en que los empleados la conozcan y entre más lejos esté el cambio deseado del que la tomó, más resistencia se opondrá. Por eso las decisiones deben hacerse en el nivel más bajo posible. De este modo, el responsable de tomar la decisión, debido a la proximidad del asunto, tomará una mejor decisión, y los más afectados por la decisión la conocerán a través de una fuente cercana a ellos y al problema.

EL CAMBIO PRODUCE TEMOR AL FRACASO

Elbert Hubbard dijo que la equivocación más grande que una persona puede cometer es tener temor de cometer una equivocación. Es trágico que el éxito se «le suba a uno a la cabeza», pero es aun más trágico que el fracaso se le suba a uno a la cabeza. Cuando esto sucede, convengo con Larry Anderson, lanzador de los Padres de San Diego, que dijo: «Si al comienzo usted no triunfa, el fracaso será suyo». Para muchas personas el temor a que el fracaso sea suyo, les mantiene tenazmente aferrados a lo que les haga sentirse cómodos, resistiéndose siempre al cambio.

LAS RECOMPENSAS DEL CAMBIO NO SE EQUIPARAN AL ESFUERZO QUE REQUIERE

La gente no cambiará sino hasta darse cuenta de que las ventajas de cambiar superan a las desventajas de continuar con las cosas como están. Los líderes a veces no reconocen que los seguidores siempre sopesarán las ventajas y desventajas a la luz de las ganancias o pérdidas personales, no de las ganancias o pérdidas de la organización.

LA GENTE ESTÁ DEMASIADO SATISFECHA CON LAS COSAS COMO ESTÁN

Como revela la siguiente historia de *Parables*, muchas organizaciones y personas prefieren morir antes que cambiar.

En la década de los 40, el reloj suizo era el reloj más prestigioso y de mayor calidad en el mundo. Por consiguiente, el 80% de los relojes vendidos en el mundo eran fabricados en Suiza. Al final de la década de los 50, fue presentado el reloj digital a los líderes de las compañías relojeras suizas. Estos rechazaron la nueva idea porque sabían que tenían el mejor reloj y los mejores fabricantes de relojes. Entonces, el hombre que había desarrollado el reloj digital vendió la idea a Seiko.

En 1940, los fabricantes de relojes empleaban a ochenta mil personas. En la actualidad emplean a dieciocho mil. En 1940, el 80% de los relojes vendidos en el mundo se fabricaban en Suiza. Ahora el 80% son digitales. Esto demuestra lo que sucede con muchas organizaciones y personas: prefieren morir antes que cambiar.

No habrá ningún cambio si la gente está empeñada en pensar de manera negativa

Sin pensar en su condición actual, el que piensa negativamente ve la desilusión en el futuro. El epitafio de una persona negativa debería rezar: «Esperaba esto». Esta manera de pensar se describe mejor por lo que decía un rótulo que leí hace varios años en unas oficinas:

> No mire, podría ver.
> No oiga, podría escuchar.
> No piense, podría aprender.
> No haga una decisión, podría equivocarse.
> No camine, podría tropezar.
> No corra, podría caerse.
> No viva, podría morir.

Me gustaría añadir un pensamiento más a esta lista deprimente:

> No cambie, podría crecer.

Los seguidores no respetan al líder

Cuando a los seguidores no les gusta el líder que supervisa el cambio, sus sentimientos no les permitirán ver el cambio con objetividad. En otras palabras, las personas ven al cambio de la misma manera que ven al agente de cambio.

Uno de los principios que enseño en las conferencias de liderazgo es: «Usted tiene que amarlos antes de dirigirlos». Cuando usted ame a sus seguidores genuinamente, lo respetarán y seguirán a través de muchos cambios.

EL LÍDER ES SUSCEPTIBLE ANTE LA CRÍTICA

Algunos líderes se resisten al cambio. Por ejemplo, si un líder ha desarrollado un programa que se ha dejado de lado por algo mejor, él o ella pueden sentir que el cambio es un ataque personal y reaccionarán defensivamente.

A favor del crecimiento y de una efectividad continua, toda organización debe pasar por un ciclo de cuatro etapas: crear, conservar, criticar y cambiar. La figura a continuación ilustra este ciclo.

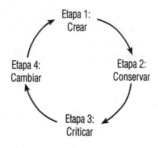

Etapa 1:
Crear

Etapa 2:
Conservar

Etapa 3:
Criticar

Etapa 4:
Cambiar

Las etapas 1 y 4 son las funciones ofensivas de una organización. Las etapas 2 y 3 son las funciones defensivas. Los creadores deberán manejar la crítica positivamente y hacer cambios, o serán reemplazados por los que abracen los cambios y, por consiguiente, creen.

EL CAMBIO PUEDE SIGNIFICAR PÉRDIDA PERSONAL

Cuando el cambio es inminente, la pregunta que uno se plantea es: «¿Cómo me afectará?» Por lo general, hay tres grupos de personas dentro de la organización: 1) los que perderán; 2) los que son neutrales; y 3) los que se beneficiarán. Cada grupo es diferente y debe ser manejado con sensibilidad, pero también con rectitud.

EL CAMBIO REQUIERE UN COMPROMISO ADICIONAL

El tiempo es lo más preciado para muchas personas. Cuando va a haber un cambio todos estamos atentos para ver cómo afectará nuestro tiempo. Por lo regular, concluimos que el cambio estará bien si no nos compromete a dar más. Sidney Howard dijo que la mitad de saber lo que usted quiere es saber a lo que usted debe renunciar para obtenerlo. Cuando el costo del cambio es tiempo, muchos se resistirán.

Cuando se trata del tiempo, el líder debe determinar si la persona *no quiere* o *no puede* cambiar. La voluntad tiene que ver con la actitud, y hay poco que usted como líder puede hacer si sus seguidores se resisten al cambio a causa de la actitud. Pero la habilidad para cambiar tiene que ver con la perspectiva. Muchas personas quieren cambiar pero, por la forma en la que perciben las circunstancias y sus responsabilidades actuales, no pueden cambiar. En este punto, el líder puede ayudar asignando prioridad a las tareas, eliminando lo no esencial, y enfatizando el valor consecuente del cambio.

LA ESTRECHEZ MENTAL IMPIDE LA ACEPTACIÓN DE IDEAS NUEVAS

Mil seiscientas personas pertenecen a la Sociedad Internacional de Investigación sobre la Tierra Plana. Su presidente, Charles K. Johnson, dice que él ha sido toda su vida un partidario de que la tierra es plana. «Cuando vi el globo terráqueo en la escuela no lo acepté, y no lo acepto ahora».

Eso nos recuerda al hombre que vivía en Maine y pasó de los ciento un años de edad. Un periodista viajó desde Nueva York para entrevistar al centenario. Sentado en el portal de su casa, el periodista le dijo: «Estoy seguro de que usted ha visto muchos cambios en su vida». El viejo replicó: «Sí, y he estado envejeciendo en cada uno de ellos».

La tradición se opone al cambio

Me encanta este chiste: «¿Cuántas personas se necesitan para cambiar un foco?» Respuesta: «Cuatro. Una para cambiar el foco, y tres para hacer reminiscencias de cuán bueno era el foco viejo».

Personas como esas me recuerdan a un viejo sargento al que le encargaron cuidar de un área de césped situada frente a las oficinas administrativas de un campamento militar en Michigan. El sargento delegó pronto el trabajo a un soldado raso y le dijo que regara el pasto todos los días a las cinco en punto. El soldado hacía su trabajo concienzudamente. Un día hubo una terrible tormenta y el sargento entró en las barracas y vio al soldado descansando en su litera.

«¿Qué es lo que te pasa?», le gritó. «¡Son las cinco en punto y se supone que deberías estar regando!»

«Pero sargento», dijo el soldado muy confundido, «está lloviendo; mire la tormenta».

«¿Y qué?», respondió el sargento, «¡tienes un impermeable! ¿no es verdad?»

La Ley de Cornfield dice que nada se hace sino hasta que cada uno está convencido de que debe hacerse y ha estado convencido de esto por mucho tiempo, y de que ha llegado el momento de hacer algo más.

LISTA DE VERIFICACIÓN PARA ESTAR SEGUROS DE UN CAMBIO

Estas son las preguntas que se deben contestar *antes* de intentar hacer cambios dentro de una organización. Cuando las preguntas se pueden contestar con un SI, el cambio será más fácil. Las preguntas que solamente se pueden responder con un NO (o con un tal vez), indican, por lo general, que el cambio será difícil.

SÍ	NO	
____	____	¿Beneficiará este cambio a los seguidores?
____	____	¿Es este cambio compatible con el propósito de la organización?
____	____	¿Es este cambio específico y claro?
____	____	¿Están a favor de este cambio los mejores que constituyen el 20% de la organización?
____	____	¿Es posible probar este cambio antes de comprometernos totalmente con él?
____	____	¿Están disponibles los recursos humanos,, físicos y financieros para hacer este cambio?
____	____	¿Es reversible este cambio?
____	____	¿Es este cambio el próximo paso obvio?
____	____	¿Rendirá este cambio beneficios a corto y a largo plazo?
____	____	¿Es el liderazgo propicio para llevar a cabo este cambio?
____	____	¿Es el tiempo apropiado?

A veces todo líder se siente como Lucy cuando se apoyaba en una cerca con Carlitos. «Me gustaría cambiar el mundo», le dijo. Carlitos le preguntó: «¿Por dónde comenzarías?» Ella replicó: «Comenzaría por ti».

La última pregunta: «¿Es el tiempo apropiado?» es la consideración final para implementar el cambio. El éxito de un líder para producir un cambio en otros tendrá lugar solamente si el tiempo es el apropiado. En mi libro *Actitud de vencedor*, se trata de este asunto en el siguiente orden:

> Decisión equivocada en el tiempo equivocado = desastre.
> Decisión equivocada en el tiempo apropiado = equivocación.
> Decisión correcta en el tiempo equivocado = desaprobación.
> Decisión correcta en el tiempo apropiado = éxito.

Las personas cambian cuando *han sufrido* lo suficiente para *tener* que cambiar; *saben* lo suficiente que *quieren* cambiar; *reciben* lo suficiente que *pueden* cambiar. El líder debe reconocer cuándo las personas están en una de estas tres etapas. Es más, los líderes máximos crean una atmósfera que hace que una de estas tres cosas ocurra.[6]

EL PROCESO EVOLUTIVO DE CAMBIO

Ayuda recordar que el cambio puede ser visto como *revolucionario* (algo totalmente diferente de lo que ha sido) o *evolutivo* (un refinamiento de lo que ha sido). Es más fácil presentar al cambio como un simple refinamiento de «la forma como lo hemos estado haciendo», que como algo grande, nuevo y completamente diferente. Cuando se plantea una propuesta de cambio a la organización, la gente cae en cinco categorías en términos de su respuesta.

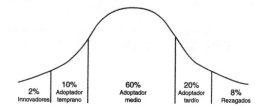

| 2%
Innovadores | 10%
Adoptador
temprano | 60%
Adoptador
medio | 20%
Adoptador
tardío | 8%
Rezagados |

Los adoptadores tempranos son los que reconocen una buena idea cuando la ven

Su opinión es respetada en la organización. Aunque no originaron la idea, tratarán de convencer a otros para aceptarla.

Los adoptadores medios son la mayoría

Responderán a las opiniones de los otros. Por lo general, son razonables en el análisis de una nueva idea, pero se inclinan a mantener el «status quo». Pueden influirlos los influyentes positivos o negativos de la organización.

Los adoptadores tardíos son el último grupo en apoyar una idea

A menudo hablan contra los cambios propuestos y tal vez nunca expresen verbalmente su aceptación. Por lo común, los adoptarán si la mayoría los apoya.

Los rezagados están siempre contra el cambio

Su compromiso es con el «status quo» y con el pasado. A menudo tratan de crear división dentro de la organización.[7]

El proceso evolutivo de un cambio exitoso dentro de la organización puede resumirse en los ocho pasos que hay que dar cuando la organización pasa de ignorar el cambio deseado y los efectos que tendrá, a una mente con voluntad y deseos de innovación.

Paso 1: **Ignorancia**. Los seguidores no sienten ninguna dirección unificada, ni tienen un sentido de prioridades. Están «en tinieblas».

Paso 2: **Información**. Se da información general a la gente. Al comienzo no se aceptan las ideas de cambio.

Paso 3: **Infusión**. La penetración de ideas nuevas en el «status quo» puede producir una confrontación con la apatía, el prejuicio y la tradición. La tendencia general es concentrarse en los problemas.

Paso 4: **Cambio individual**. Los «adoptadores tempranos» comienzan a ver los beneficios del cambio propuesto y lo aceptan. Las convicciones personales reemplazan a la complacencia.

Paso 5: **Cambio organizativo**. Se discuten los dos lados del asunto. Se observa una actitud menos defensiva y mayor apertura respecto a los cambios propuestos. El ímpetu cambia del «anti cambio» a «pro cambio».

Paso 6: **Aplicación difícil**. Se experimentan algunos fracasos y algunos éxitos a medida que se implementa el cambio. El proceso de aprendizaje es rápido.

Paso 7: **Integración**. La torpeza decrece y el nivel de aceptación aumenta. Un creciente sentido de realización y una ola secundaria de resultados y éxitos se manifiestan.

Paso 8: **Innovación**. Los resultados significativos producen confianza y voluntad de aceptar los riesgos. El resultado es voluntad para cambiar más rápida y marcadamente.

Cuando se da el paso 8, la organización como un todo se siente deseosa de pasar por el proceso otra vez. El principal efecto del proceso se siente cuando a la mayoría de los miembros de la organización se les expone repetidamente la nueva idea.

1a Exposición: «Rechazo esa idea porque entra en conflicto con mis ideas preconcebidas».

2a Exposición: «Bueno, lo entiendo, pero no puedo aceptarlo».

3a Exposición: «Estoy de acuerdo con la idea pero tengo reservas en cuanto a su aplicación».

4a Exposición: «Esa idea expresa muy bien lo que siento al respecto».

5a Exposición: «Puse en práctica esa idea ahora. ¡Es sensacional!»

6a Exposición: «Di esa idea a alguien ayer. En el sentido más exacto de la palabra, la idea ahora me pertenece».

CÓMO CREAR UNA ATMÓSFERA PARA EL CAMBIO

Estudios sobre la conducta humana han demostrado que las personas en realidad no se resisten al cambio; se resisten a «cambiar ellas mismas».[8] Esta sección tratará sobre cómo crear una atmósfera que anime a otros a cambiar. No habrá cambio a menos que las personas cambien. La primera afirmación de este capítulo dice: «Cambia el líder, cambia la organización». Ahora, comenzaremos por el líder y desarrollaremos una estrategia para la organización.

EL LÍDER DEBE DESARROLLAR CONFIANZA EN LA GENTE

Es maravilloso cuando la gente cree en el líder. Es más maravilloso cuando el líder cree en la gente. Cuando ambas situaciones son una realidad, el resultado es confianza. Mientras más confía la gente en el líder, más deseosos estarán de aceptar los cambios propuestos por el líder. Warren Bennis y Bert Nanus dicen que «la confianza es el pegamento emocional que mantiene a los seguidores y a los líderes unidos».[9] Abraham Lincoln dijo: «Si quiere ganar a un hombre para su causa, primero convénzalo que usted es su verdadero amigo. Luego, trate de descubrir lo que él quiere realizar».

Mi primera pregunta a un líder que quiere hacer cambios dentro de una organización siempre es: «¿Cómo es su relación con la gente?» Si la relación es positiva, entonces el líder está listo para dar el siguiente paso.

El líder debe hacer cambios personales antes de pedir a otros que cambien

Lamentablemente, muchos líderes son como mi amiga que hizo una lista de resoluciones para el Nuevo Año: ser más amable con las personas; comer alimentos más nutritivos; darse más en el plano de la amistad; suprimir los dulces y grasas; criticar menos a los otros.

Mi amiga me mostró la lista y yo me sentí muy impresionado. Eran grandes metas. «Pero», le pregunté, «piensas que podrás cumplir con todo eso?»

«¿Por qué yo?», me respondió ella. «¡Esta lista es para ti!» Andrew Carnegie dijo: «A medida que envejezco, presto menos atención a lo que los hombres dicen. Me limito a observar lo que hacen». Los grandes líderes no solamente dicen lo que se debe hacer, ¡lo demuestran!

Los buenos líderes conocen la historia de la organización

Mientras más tiempo ha pasado una organización sin que se hayan efectuado cambios, más esfuerzo se requerirá para introducirlos. También, cuando se implementa el cambio y el resultado es negativo, la gente dentro de la organización tendrá recelo de aceptar cambios en el futuro. Lo opuesto también ocurre. Los cambios exitosos del pasado preparan a la gente para aceptar con presteza más cambios.

G. K. Chesterton sugiere: «No derribe la cerca hasta que no sepa la razón por la que fue puesta allí». Es importante saber lo que sucedió en el pasado, antes de hacer cambios para el futuro.

Coloque a los que influyen en las posiciones de liderazgo

Los líderes tienen dos características. Primero, van a alguna parte; y segundo, pueden persuadir a otras personas de ir con ellos. Son como el presidente de una gran corporación que llegó tarde a una reunión. Irrumpiendo en el salón, se sentó en el asiento más cercano disponible en vez de ocupar su lugar acostumbrado. Uno de sus jóvenes ayudantes protestó: «Por favor, señor, usted debe estar a la cabecera de la mesa». El ejecutivo, que tenía un cabal entendimiento de su lugar en la compañía, respondió: «Hijo, en cualquier lugar que me siente, esa es la cabecera de la mesa».

TOME EN CUENTA EL «CAMBIO QUE TIENE EN SU BOLSILLO»

A todo líder se le da cierta cantidad de «cambio» (apoyo emocional en forma de monedas sueltas para negociar) al comienzo de una relación. Si la relación se debilita, el líder renuncia al «cambio» hasta que llegue a estar en bancarrota dentro de la organización. Si la relación se fortalece, el líder recibe el «cambio» hasta que le sea posible llegar a ser rico dentro de la organización. Recuerde siempre: *Se necesita «cambio» para hacer un cambio*. Mientras más «cambio» haya en el bolsillo de un líder, más cambios pueden hacerse en las vidas de las personas. Lamentablemente, lo opuesto también ocurre.

LOS BUENOS LÍDERES SOLICITAN EL APOYO DE LOS INFLUYENTES ANTES QUE EL CAMBIO SEA HECHO PÚBLICO

La siguiente lista de diez puntos incluye los pasos que un buen líder debe dar para solicitar el apoyo al cambio por parte de las personas de mayor influencia en la organización.

1. Haga una lista de los influyentes más destacados dentro de los grupos principales de la organización.

2. ¿Cuántos serán afectados *directamente* por el cambio? (Estas personas constituyen el grupo más importante.)

3. ¿Cuántos serán afectados *indirectamente* por el cambio?

4. ¿Cuántos, probablemente, reaccionarán de manera positiva?

5. ¿Cuántos, probablemente, reaccionarán de manera negativa?

6. ¿Qué grupo constituye la mayoría?

7. ¿Qué grupo es el de mayor influencia?

8. Si el grupo positivo es el más fuerte, reúna a los influyentes para discutir.

9. Si el grupo negativo es el más fuerte, reúnase de manera individual con los influyentes.

10. Conozca la «clave» de cada influyente.

PREPARE UNA AGENDA DE REUNIONES QUE CONTRIBUYAN AL CAMBIO

Toda nueva idea atraviesa por tres fases: No funcionará; costará demasiado; siempre pensé que era una buena idea.

Un líder sabio, al entender que la gente cambia mediante un proceso, preparará una agenda de reuniones para impulsar el proceso. Una que he usado durante quince años ha mostrado ser muy efectiva.

Asuntos que informar: Asuntos de interés para los que asisten a la reunión; asuntos positivos que levanten el estado de ánimo. (Esto permite iniciar la reunión en un alto nivel.)

Asuntos que estudiar: Asuntos a tratar, no para votar. (Esto da lugar a expresar ideas sin la presión que significa representar un punto de vista en particular.)

Asuntos de acción: Asuntos que deben someterse a votación, los cuales previamente han sido asuntos de estudio. (Esto permite una discusión que ya ha sido procesada. Si requiere mayor cambio, mantenga el asunto en la categoría de estudio dando más tiempo para la aceptación.)

Anime a los influyentes a influir en otros informalmente

Los grandes cambios no deben sorprender a las personas. Una información que deje escapar el líder preparará a la gente para la reunión formal.

Cada año explico a mis líderes clave que llevan consigo dos recipientes. El uno está lleno de gasolina y el otro de agua. Cuando hay un «pequeño fuego» de contienda dentro de la organización porque la gente teme un posible cambio, los influyentes son los primeros en saberlo. Cuando lleguen al lugar del problema arrojarán gasolina para que la situación se convierta en un problema serio, o agua para extinguir el fuego y terminar con el problema. En otras palabras, los influyentes clave son los más grandes activos del líder o su más grande pasivo.

La información que deje escapar el líder debe planearse, y debe preparar de manera positiva a la gente para la reunión en la que el cambio será presentado formalmente.

Demuestre a la gente cómo le beneficiará el cambio

Suposición: El cambio propuesto es lo mejor para la gente, no para el líder. La gente debe ser primero.

Un letrero en la puerta de un autobús decía: «Por la conveniencia de los demás, por favor cierre la puerta». Muy a menudo la puerta permanecía abierta hasta que se cambió el letrero: «Por su *propia* conveniencia, por favor cierre la puerta». La puerta estaba siempre cerrada. Muy a menudo los líderes de una organización tienden a pensar y dirigir desde la perspectiva de la compañía, no desde la perspectiva de la gente.

Déle a la gente el título de propiedad del cambio

La apertura por parte del líder abre el camino para que la gente se apropie del cambio. Sin ello, el cambio será de corta duración. Cambiar los hábitos y la manera de pensar de la gente es como escribir instrucciones en la nieve durante una tormenta de nieve. Cada veinte minutos, las instrucciones tienen que volver a escribirse, a menos que el título de propiedad haya sido otorgado junto con las instrucciones.

Cómo ofrecer el título de propiedad del cambio a los demás

1. Informe a la gente con anticipación para que tenga tiempo de pensar sobre las implicaciones del cambio y cómo este le afectará.

2. Explique los objetivos generales del cambio, las razones para implementarlo, y cómo y cuándo se realizará.

3. Muestre a las personas cómo les beneficiará el cambio. Sea franco con los empleados que pueden perder algo como consecuencia del cambio. Alérteles a tiempo y provea ayuda para que puedan encontrar otro trabajo si fuera necesario.

4. Pida a quienes serán afectados por el cambio que participen en todas las etapas del proceso.

5. Mantenga abiertos los canales de comunicación. Dé oportunidad para que los empleados discutan el cambio. Incite a formular preguntas, dar comentarios y retroalimentación.

6. Sea flexible y adaptable durante todo el proceso. Admita las equivocaciones y haga las enmiendas que sean necesarias.

7. Demuestre en todo momento su fe y entrega al cambio. Demuestre su confianza en la capacidad de los seguidores para implementar el cambio.

8. Comunique entusiasmo, provea ayuda, manifieste aprecio y reconocimiento a quienes están implementando el cambio.[10]

EL CAMBIO TENDRÁ LUGAR

La pregunta no debe ser «¿Cambiaremos alguna vez?», sino «¿Cuándo y cuánto cambiaremos?» Nada permanece igual excepto el hecho de que el cambio siempre está presente. Aun en el principio, Adán le dijo a Eva, cuando fueron arrojados del paraíso: «Querida, vivimos en un tiempo de transición».

Charles Exley, jefe ejecutivo de la Corporación NCR, dijo: «He estado en el mundo de los negocios durante treinta y seis años. He aprendido mucho y la mayor parte de eso no se aplica más».

El escritor Lincoln Barnett describió una vez la emoción que le embargó cuando, junto con un grupo de estudiantes, salía de una conferencia de física en el Instituto para Estudios Avanzados de Princeton. «¿Cómo estuvo?», preguntó alguien.

«¡Maravilloso!», replicó el señor Barnett. «Todo lo que sabíamos la semana pasada no era verdad».

Mantenerse al día con los cambios e informar de ellos a la organización es un reto constante para el líder. Los líderes deberían estar al tanto, por ejemplo, de información como la siguiente, que apareció en un artículo escrito por el doctor Richard Caldwell.[11] Él hace un contraste de los valores de la década de los 50 y la década de los 90.

1950	1990
Ahorro	Gasto
Gratificación demorada	Gratificación instantánea
Certeza	Ambivalencia
Ortodoxia	Escepticismo
Inversión	Influencia
Buenos vecinos	Estilo de vida
Clase media	Clase baja
Exportar	Importar
Cualidad pública	Bienestar personal
Papá y Mamá	Nana y guardería
Conferencia de prensa	Oportunidad de fotografiarse
Logros	Fama
Conocimiento	Credencial
Manufactura	Servicio
Deber	Divorcio
«Nosotros»	«Yo»

No todo cambio significa mejoramiento, pero sin el cambio no puede haber mejoramiento

Cambio = Crecimiento

o

Cambio = Sufrimiento

El cambio representa tanto las posibles oportunidades como las pérdidas potenciales. He observado que el cambio se convierte en un desastre cuando:

- El cambio propuesto es una mala idea.
- El cambio propuesto no es aceptado por los que influyen.
- El cambio propuesto no es presentado en forma efectiva.
- El cambio propuesto sirve a los intereses de los líderes.

- El cambio propuesto se basa únicamente en el pasado.
- Los cambios propuestos son demasiados y suceden muy rápidamente.

En 1950, la revista *Fortune* pidió a once distinguidos norteamericanos que predijeran como sería la vida en 1980. En aquellos tiempos Estados Unidos disfrutaban de un superávit comercial de tres mil millones de dólares, de manera que nadie predijo un déficit comercial para los treinta años subsiguientes. David Sarnoff, presidente de la RCA, estaba seguro de que para 1980 los barcos, aviones, locomotoras y aun los automóviles tendrían combustible atómico. Dijo que las casas tendrían generadores atómicos y que misiles teledirigidos transportarían el correo y otras cargas a través de grandes distancias. Henry R. Luce, editor jefe de la revista *Time,* predijo el fin de la pobreza para 1980. El matemático John von Neumann esperaba que la energía fuera gratis treinta años más tarde.

Nunca es demasiado tarde para cambiar

Max Depree dijo: «Al final, es importante recordar que no podemos llegar a ser lo que necesitamos ser si permanecemos como somos».[12] Es un hecho que cuando usted concluye los cambios, usted termina.

Cuando usted oye el nombre de Alfred Nobel, ¿en qué piensa? Podría venirle a la mente el Premio Nobel de la Paz. Sin embargo, ese es sólo el segundo capítulo de su historia. Alfredo Nobel fue el químico sueco que amasó su fortuna inventando la dinamita y otros poderosos explosivos utilizados para las armas. Cuando murió su hermano, un periódico, por equivocación, imprimió el obituario de Alfredo en vez del de su hermano. Este describía al difunto como uno que se hizo rico haciendo posible que los seres humanos se mataran unos a otros en cantidades sin precedente. Impactado por esta evaluación, Nobel resolvió utilizar su fortuna, de allí en adelante, para premiar los logros que beneficien a la humanidad. Nobel tuvo la rara oportunidad de evaluar su vida al final y todavía vivir lo suficiente para cambiar esa evaluación.[13]

El comediante Jerry Lewis dice que el mejor regalo de bodas que recibió fue una película de toda la ceremonia. Dice que cuando las cosas iban mal en su matrimonio, entraba a un cuarto, cerraba la puerta, retrocedía la película, y salía de allí sintiéndose un hombre libre.

Dudo que usted pueda retroceder la película o leer su obituario en el periódico. Usted puede, sin embargo, hacer una decisión, ahora, para cambiar. Y cuando el cambio tenga éxito, usted mirará retrospectivamente y lo llamará crecimiento.

LA MANERA MÁS RÁPIDA DE ALCANZAR EL LIDERAZGO:

RESOLVER PROBLEMAS

Según F. F. Fournies, en *Coaching for Improved Work Performance*,[1] hay cuatro razones comunes por las que las personas no cumplen como deberían:

1. No saben lo *que* deberían saber.

2. No saben *cómo* hacerlo.

3. No saben *por qué* deberían hacerlo.

4. Hay obstáculos fuera de control.

Estas cuatro razones por las que las personas no cumplen desplegando todo su potencial son las responsabilidades del liderazgo. Las primeras tres razones se refieren a comenzar un trabajo bien. Un programa de capacitación, una descripción de trabajo, las herramientas adecuadas y la visión, junto con la buena comunicación, son un largo camino hacia el cumplimiento efectivo de las tres primeras razones.

Este capítulo tratará sobre la cuarta razón que ocasiona que muchas personas no puedan lograr su desempeño potencial. Los problemas surgen continuamente en el trabajo, en el hogar y en la vida en general. He observado que a la gente no le gustan los problemas, se cansa pronto de ellos, y hará todo lo posible para librarse de los mismos. Esto provoca que otros pongan las riendas del liderazgo en sus manos, *si* usted está dispuesto y puede atacar los problemas de otros, o capacitarlos para resolverlos. Sus habilidades para resolver problemas serán siempre necesarias, pues la gente siempre tiene problemas. Y, cuando estos aparecen, observe adónde va la gente en busca de solución:

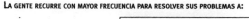

La gente recurre con mayor frecuencia para resolver sus problemas a:

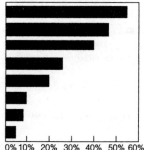

Este capítulo tratará sobre las dos cosas que se necesitan para resolver los problemas de una manera efectiva: la actitud correcta y el plan de acción correcto.

Antes de que estas dos áreas sean exploradas, quiero comunicar a usted algunas observaciones que he hecho sobre las personas y sus problemas.

Todos tenemos problemas

Algunas veces los problemas nos abruman, como sucedió con mi amigo Joe. Antes de que saliera de su casa y se dirigiera al trabajo, recibió cuatro llamadas de larga distancia. Todo el mundo parecía tener un problema. Y todos querían que Joe tomara un avión ese día y fuera a ayudarles. Finalmente le dijo a su esposa que olvidara el desayuno. Salió de la casa tan pronto como pudo. Luego, en el garaje, se dio cuenta de que su carro no encendía, por lo cual llamó a un taxi. Mientras esperaba al taxi, recibió otra llamada sobre otro problema. Por fin vino el taxi; Joe salió corriendo, se sentó en el asiento de atrás y vociferó: «Muy bien, ¡vamos!»

«¿Adónde quiere que lo lleve?», preguntó el chofer.

«No me importa adónde vamos», gritó Joe, «he tenido problemas en todas partes».

A veces pensamos que nuestra generación tiene más problemas que la anterior. Me he reído de esto después de reflexionar en las palabras de Dwight Bohmbach en *What's Right with America*.

> La talla de las personas es más importante que la talla del problema.

Los viejos de Estados Unidos vivieron el declive de la bolsa de valores en 1929 que arruinó a muchas familias; los años de la depresión; la Marcha de los Bonos en Washington, cuando los veteranos fueron dispersados por tropas del ejército; los años de la nueva política económica (New Deal); Pearl Harbor; la pérdida de las Filipinas; años de largos días y noches en las plantas de defensa en la década de los 40; combates en Europa y el Pacífico; el día D; la batalla de Bulge; el día V-E; el comienzo esperanzador de las Naciones Unidas en Estados Unidos; la bomba A; el día V-J; el plan Marshall en Europa; el bombardeo de Berlín; la guerra en Corea; el incidente del avión U-2; la invasión de la Bahía de Cochinos; la crisis de los misiles cubanos; los asesinatos del Presidente Kennedy, Bob Kennedy y Martin Luther King; la lucha por los derechos civiles; la guerra de Vietnam; los norteamericanos en la luna; Watergate y la renuncia de un presidente y un vicepresidente; la crisis de energía; la Isla

Three Mile; los rehenes iraníes; un nuevo atentado contra el presidente en 1981; el bombardeo de la embajada de Estados Unidos y cientos de infantes de marina en Líbano; la conversión de Estados Unidos en una nación deudora, con el más alto déficit de la historia. ¡Qué vida!

Deberíamos recordar las palabras de Paul Harvey que dijo que en tiempos como estos es siempre consolador recordar que siempre ha habido tiempos como estos.

LOS PROBLEMAS DAN SIGNIFICADO A LA VIDA

Un sabio filósofo comentaba una vez que el único obstáculo a vencer de un águila, para volar con mayor velocidad y mayor facilidad, era el aire. Sin embargo, si el aire le fuera quitado y la orgullosa ave tuviera que volar en el vacío, caería instantáneamente, imposibilitada totalmente para volar. Los mismos elementos que ofrecen resistencia al vuelo son al mismo tiempo la condición indispensable para el vuelo.

> Las personas necesitan cambiar sus perspectivas, no sus problemas.

El principal obstáculo que una lancha motora tiene que superar es el agua contra el propulsor. Sin embargo, si no fuera por la misma resistencia, el bote no se movería en absoluto.

La misma ley, de que los obstáculos son condiciones para el éxito, se aplica a la vida humana. Una vida libre de todos los obstáculos y dificultades, reduciría todas sus posibilidades y poderes a cero. Elimine los problemas, y la vida perderá su tensión creativa. El problema de la ignorancia de las masas da significado a la educación. El problema de la enfermedad da significado a la medicina. El problema del desorden social da significado al gobierno.

En el sur, cuando el algodón era el «rey», el gorgojo pasó de México a Estados Unidos, y destruyó los sembríos de algodón. Los granjeros se vieron obligados a cultivar otras variedades de productos tales como soya y maní. Aprendieron a usar sus tierras para criar ganado, cerdos y pollos. Como resultado, muchos más granjeros llegaron a ser prósperos que en los días cuando el único cultivo era el algodón.

El pueblo de Enterprise, Alabama, estaba tan agradecido por lo que había ocurrido, que en 1910 erigieron un monumento al gorgojo. Cuando cambiaron del sistema de cultivo único a cultivo diversificado, se hicieron más ricos. La inscripción en el monumento dice: «Con profundo aprecio al gorgojo y lo que hizo para proclamar la prosperidad».

A lo largo de toda la vida, los seres humanos tendemos a querer librarnos de los problemas y responsabilidades. Cuando surja esa tentación, recuerde al joven que preguntó a un viejo solitario: «¿Cuál es la carga más pesada de la vida?» El viejo le respondió tristemente: «No tener nada que cargar».

Muchas personas notables han superado problemas en su vida

Un gran número de los Salmos fueron escritos en momentos de dificultades. «La mayoría de las epístolas se escribieron en las prisiones. La mayoría de los más notables pensadores de todos los tiempos tuvieron que pasar por fuego. Bunyan escribió *El progreso del peregrino* en una cárcel. Florence Nightingale, demasiado enferma para levantarse de la cama, reorganizó los hospitales de Inglaterra. Semiparalizado y bajo constante amenaza de apoplejía, Pasteur atacaba incansable a la enfermedad. Durante la mayor parte de su vida, el historiador norteamericano Francis Parkman sufrió tan agudamente

> Las políticas son muchas; los principios pocos. Las políticas cambian; los principios no.

que no podía trabajar por más de cinco minutos seguidos. Su vista estaba tan deteriorada que sólo podía garabatear unas cuantas palabras gigantes en un manuscrito, pero logró ingeniárselas para escribir veinte magníficos volúmenes de historia».[2]

Entierre a una persona en la nieve de Valley Forge, y tendrá a un George Washington. Resucítelo en una abyecta pobreza, y tendrá a un Abraham Lincoln. Derríbelo con parálisis infantil, y se convertirá en un Franklin D. Roosevelt. Quémelo tan gravemente que los doctores digan que nunca caminará de nuevo, y tendrá a Glenn Cunningham, que estableció el récord mundial en la carrera de una milla en 1934. Hágalo nacer negro o negra en una sociedad llena de discriminación racial, y tendrá a un Booker T. Washington, una Marian Anderson, un George Washington Carver o un Martin Luther King. Llámelo retrasado y de lento aprendizaje, y expúlselo de la escuela por incapacidad, y tendrá a un Albert Einstein.

Dolly Parton lo resume todo con estas palabras: «Como yo lo veo, si usted quiere tener el arco iris tiene que soportar la lluvia».

MI PROBLEMA NO ES MI PROBLEMA

Hay un mundo de diferencia entre una persona que tiene un gran problema y una persona que hace de un problema algo grande. Durante varios años di entre veinte y treinta horas semanales de consejería. Pronto descubrí que las personas que venían a verme no eran forzosamente las que tenían los mayores problemas. Eran las que estaban conscientes de sus problemas y consideraban sus dificultades muy estresantes. Ingenuo al principio, trataba de arreglar sus problemas, sólo para descubrir que al salir de ellos entrarían a otros. Eran como Carlitos en un programa especial de «Snoopy» en Navidad: no podía captar el espíritu de Navidad. Lino le dijo: «Carlitos, eres la única persona que conozco que puede tomar una hermosa época como la Navidad y convertirla en un problema».

Lino, te tengo noticias: ¡Hay muchas personas como Carlitos! Sus «problemas» no son verdaderos problemas. El problema es que reaccionan equivocadamente ante los «problemas», y por eso hacen de sus «problemas» verdaderos problemas. Lo que importa en realidad no es lo que *me* sucede, sino lo que sucede *en mí*.

Un estudio de trescientas personas sumamente exitosas, como Franklin Delano Roosvelt, Helen Keller, Winston Churchill, Albert Schweitzer, Mahatma Gandhi y Albert Einstein indica que uno de cada cuatro tenía limitaciones tales como ceguera, sordera o parálisis. Tres cuartos habían nacido en la pobreza, venían de hogares destrozados, o por lo menos de situaciones familiares sumamente tensas o perturbadoras.

¿Por qué los triunfadores superaron los problemas, mientras miles de personas se sienten abrumadas por ellos? Porque rehusaron asirse de las excusas comunes para el fracaso. Transformaron los grandes escollos en pequeñas piedras sobre las cuales pisar para cruzar los ríos. Se dieron cuenta de que no podían determinar todas las circunstancias de la vida, pero podían determinar qué actitudes escoger frente a cada circunstancia.

Leí sobre el coro de una iglesia que reunía fondos para asistir a un concurso de coros, y decidieron lavar carros. Para su desencanto, luego de una ajetreada mañana, por la tarde comenzó a llover y dejaron de llegar los clientes. Finalmente, una de las mujeres escribió este cartelón: «NOSOTROS LAVAMOS»; (y con una flecha señalando hacia el cielo) «¡ÉL ENJUAGA!»

> Siempre toma el camino más digno.

El periódico *Los Angeles Times* publicó recientemente esta cita: «Si usted puede sonreír cuando cualquier cosa va mal, usted es un mentecato o un reparador». Yo añadiría: o un líder que se da cuenta de que el único problema que usted tiene es el que usted permite que sea problema debido a su reacción equivocada hacia él. Los problemas pueden detenerle temporalmente. Usted es el único que puede actuar permanentemente.

UN PROBLEMA ES ALGO POR LO QUE YO PUEDO HACER ALGO

Mi amigo y guía, Fred Smith, me enseñó esta verdad. Si no puedo hacer algo por un problema, no es mi problema; es una realidad de la vida.

En 1925, una compañía norteamericana que fabricaba y comercializaba crema de afeitar estaba preocupada por la efectividad de su publicidad en los costados de las carreteras. Con la introducción de los automóviles de «alta velocidad» les preocupaba que nadie tuviera tiempo de leer los letreros. Así que la compañía Burma Shave, creó una serie de pequeños letreros espaciados a intervalos suficientes de manera que pudieran ser leídos aun a alta velocidad. Este método único de publicidad hizo de Burma Shave un nombre familiar durante cuarenta y seis años.

Como niño que crecía en Ohio, me encantaban los anuncios de Burma Shave. Este era mi favorito:

> Un durazno se ve bien
> con mucha pelusa...
> pero el hombre no es un durazno...
> ni nunca lo fue.

La compañía Burma Shave se volvió creativa en una sociedad cambiante. Si no hubiera tenido respuesta alguna para el problema, no hubiera sido ningún problema, sino simplemente una realidad de la vida. Cuídese de resignarse con la posición de que no hay ninguna respuesta para el problema. Alguien puede venir con una solución.

La prueba del líder es la capacidad de reconocer un problema antes de que se convierta en una emergencia

En condiciones de un liderazgo efectivo un problema rara vez adquiere proporciones gigantescas porque es reconocido y solucionado en sus etapas iniciales.

Los grandes líderes por lo general reconocen un problema en la siguiente secuencia:

1. Lo presienten antes de verlo (intuición).

2. Comienzan a buscarlo y hacen preguntas (curiosidad).

3. Reúnen información (procesamiento).

4. Expresan sus sentimientos y descubrimientos con unos cuantos colegas de confianza (comunicación).

5. Definen el problema (escritura).

6. Revisan sus recursos (evaluación).

7. Toman una decisión (dirección).

Los grandes líderes raras veces son tomados por sorpresa. Se dan cuenta de que el puñetazo que les ha derribado no es el duro, sino el único que no vieron venir. Por eso, siempre están buscando señales e indicadores que les permitan darse cuenta del problema y sus probabilidades de solución. Tratan los problemas como el del potencial intruso en una granja de Indiana que leyó este letrero en una cerca: «Si cruza este campo, es mejor que lo haga en 9.8 segundos. El toro puede hacerlo en 10».

Usted puede juzgar a los líderes por el tamaño del problema que enfrentan

En una de las tiras cómicas de «Snoopy», Carlitos dice: «No hay problema tan grande del que yo no pueda escapar». Todos nos hemos sentido exactamente como el domador que publicó este anuncio en el periódico: «Domador de leones quiere un león de domador».

Sin embargo, al observar a las personas y sus problemas, he notado que la talla de las personas es más importante que la talla del problema. El problema parece más grande o más pequeño si la persona es grande o pequeña.

Hace poco hablé con Marcia, una señora a quien le diagnosticaron cáncer hace dos años, y a quien extirparon un seno. Se siente bien, pero me transmitió su preocupación de que otras mujeres con el mismo problema, no se sentían bien. Parecía haber una gran diferencia entre Marcia y las demás que tuvieron el mismo problema. Podía predecir la recuperación de Marcia. Fue positiva desde el inicio del problema. Como líderes, debemos concentrarnos en formar grandes personas. Las grandes personas manejarán los grandes problemas con efectividad.

SOLUCIONE PROBLEMAS DE TRABAJO RÁPIDAMENTE; LOS PROBLEMAS DE PERSONAS TOMARÁN MÁS TIEMPO

Resolver problemas puede ser la agenda inmediata, pero no debe ser en lo que empleemos la mayor parte del tiempo. Si todo lo que hacemos es concentrarnos en resolver el siguiente problema a la mano, pronto nos sentiremos como el granjero que dijo: «Lo más difícil de ordeñar vacas es que nunca quedan ordeñadas». Los problemas nunca paran, pero nosotros podemos parar los problemas. Mis sugerencias para preparar personas que resuelvan problemas son:

1. *Dedique un tiempo a la gente.* Los que nunca tienen tiempo para preparar gente, se ven obligados a tener tiempo para resolver sus problemas.

2. *Nunca resuelva un problema por la persona; resuélvalo con esa persona.* Lleve a ese individuo a través de la secuencia que ya se ha dado para reconocer un problema. Emplee el tiempo con esa persona y estudien este capítulo completo juntos.

Los problemas deben ser resueltos al nivel más bajo posible. El Presidente John F. Kennedy dijo que el Presidente Eisenhower le dio este consejo el día anterior a la toma de posesión: «No serán fáciles los problemas que lleguen al Presidente de Estados Unidos. Si fueran fáciles de resolver, entonces alguien los habría resuelto». Esta afirmación debería aplicarse a cada líder. Ascender por la escalera del liderazgo significa que tendrá que hacer menos decisiones pero más importantes. Las habilidades de un líder para resolver problemas deben aguzarse puesto que cada decisión significa una decisión de primera importancia. John E. Hunter dijo: «Una situación solamente se convierte en problema cuando uno no tiene suficientes recursos para afrontarla». El resto de este capítulo trata de lo que se necesita para resolver efectivamente los problemas.

La actitud correcta

El tema de lo que significa nuestra actitud es tan importante para los líderes potenciales que el siguiente capítulo se dedicará totalmente a ello. Por eso, bastarán pocos pensamientos en este momento. Norman Vincent Peale tenía razón cuando dijo que el pensamiento positivo es la manera cómo se *piensa* acerca de un problema. Entusiasmo es la manera cómo usted *se siente* con respecto al problema. Los dos aspectos determinan lo que usted hace con el problema. Si yo pudiera hacer algo por las personas, les ayudaría a cambiar sus perspectivas, no sus problemas. El pensamiento positivo no siempre cambia nuestras circunstancias, pero siempre nos cambia a nosotros. Cuando podemos pensar correctamente en relación con situaciones difíciles, entonces nuestro viaje por la vida es mejor.

G. W. Target, en su ensayo «The Window», relata la historia de dos hombres confinados al mismo cuarto en un hospital. Ambos estaban muy enfermos y aunque no se les permitía tener muchas distracciones—ni televisión, ni radio, ni libros—desarrollaron una amistad a través de largos meses de conversación. Hablaron de todos los asuntos en los que ambos tenían interés o experiencia, desde la familia, los trabajos y las vacaciones, hasta sus historias personales.

Ninguno de los dos podía levantarse, pero uno tuvo la suerte de estar cerca de una ventana. Como parte de su tratamiento podía sentarse en su cama por solamente una hora al día. Ese era el momento que aprovechaba para describir a su compañero el mundo exterior. En términos muy detallados llevaba el mundo exterior a su amigo, describiéndole el hermoso parque que veía, con su lago, y las muchas personas interesantes que paseaban por allí. Su amigo comenzó a vivir a base de esas descripciones.

Después de un relato particularmente fascinante, el hombre que lo oía comenzó a pensar que no era justo que su amigo pudiera ver todo mientras él no veía nada. Se sintió avergonzado por sus pensamientos, pero tenía bastante tiempo para pensar y no podía sacar esto de su mente. Con el tiempo sus pensamientos comenzaron a producir efectos en su salud y se sintió más enfermo todavía, con una disposición para igualarse al otro.

Una noche su amigo, que a veces tenía problemas con la congestión y la respiración, se despertó con un acceso de tos y asfixia, y no podía ni siquiera oprimir el botón del timbre para que la enfermera viniera en su ayuda. El otro hombre, frustrado y amargado, yacía allí, mirando al cielo, escuchando la lucha por la vida cerca de él, y sin hacer nada.

A la mañana siguiente vino la enfermera para encontrar muerto al hombre que estaba junto a la ventana.

Después de cierto intervalo, el hombre que estaba ansioso por ver a través de la ventana pidió que le cambiaran a ese lugar, lo cual fue hecho rápidamente. Tan pronto como quedó vacía la habitación, el hombre se levantó con esfuerzo sobre sus codos para mirar afuera y llenar su espíritu con el paisaje del mundo exterior.

Fue entonces cuando descubrió que la ventana daba a una pared en blanco.[3]

El plan de acción correcto

¿No es verdad que muchas veces tenemos un excedente de respuestas sencillas y una escasez de problemas sencillos? En ocasiones, nos sentimos como el tipo que en una caricatura decía: «Trato de vivir un solo día a la vez, pero últimamente varios días me han atacado al mismo tiempo». Una cosa es cierta: ¡la vida no está exenta de problemas!

Se cuenta que cuando se diseñaban la serie de vehículos espaciales Apolo, surgió una diferencia entre los científicos y los ingenieros. Los científicos insistían en que toda onza de peso disponible se reservara para equipo científico que pudiera servir para explorar e informar sobre el espacio. Querían que los ingenieros diseñaran un vehículo espacial que no tuviera defecto alguno. (Esa era la era cuando «cero defectos» era una expresión popular en la industria.) Eso significaría que una gran proporción de espacio y de peso estarían disponibles para equipo científico.

Los ingenieros argumentaban que esa era una meta imposible. Decían que la única suposición segura era que algo saldría mal, pero no podían predecir con certeza dónde ocurriría ese mal funcionamiento. Por eso necesitaban construir una serie de sistemas de reserva que compensaran todo posible mal funcionamiento. Eso significaba que habría mucho menos peso y espacio de carga disponibles para equipo científico.

Al parecer, este conflicto se resolvió preguntando a los astronautas que se preparaban, qué suposición apoyaban. ¡Todos votaron a favor de muchos sistemas de reserva! Esta historia ilustra la importancia de las suposiciones. Algunas personas suponen que es posible desarrollar en sus vidas un sistema exento de defectos. Otras que algo saldrá mal y necesitarán un sistema de reserva. Muchas veces, cuando surge un problema, queremos echarle la culpa a alguien más y tomar el camino más fácil para salir. Hace poco estudié un diagrama humorístico para resolver problemas que destaca nuestro deseo de eludir la responsabilidad (véase la página siguiente).

EL PROCESO DE RESOLVER PROBLEMAS

Ahora, aun si no queremos eludir responsabilidades y tenemos una actitud correcta y un sólido plan de acción, es importante seguir un proceso cuando estamos buscando una solución. Sugiero seguir estos pasos para resolver problemas.

IDENTIFIQUE EL PROBLEMA

Muchas veces atacamos los síntomas, no la causa. Ordenar a su personal que permanezca en sus escritorios hasta que llegue el tiempo de salir es una solución momentánea que no responde a la pregunta: «¿Por qué el personal sale antes de hora?» Su trabajo es identificar los verdaderos problemas que subyacen a los síntomas.

Dejar de hacer esto le pone en la misma situación que a un joven soldado que estaba aprendiendo a lanzarse en paracaídas. Le dieron las siguientes instrucciones:

1. Salte cuando se le diga;

2. Cuente hasta diez y tire de la cuerda;

3. En el muy improbable caso que no se abra, tire de la cuerda del segundo paracaídas; y

4. Cuando llegue a tierra, un camión le llevará de regreso a la base.

El avión se elevó hasta la altura adecuada y los hombres comenzaron a saltar; el soldado saltó cuando le llegó su turno. Contó hasta diez, tiró la cuerda, pero el paracaídas no se abrió. Procedió a efectuar las instrucciones secundarias y tiró de la cuerda del segundo paracaídas. Este tampoco se abrió. «Y supongo», se quejó para sí mismo, «que el camión tampoco estará allí cuando llegue a tierra».

DIAGRAMA DE FLUJO PARA RESOLVER PROBLEMAS

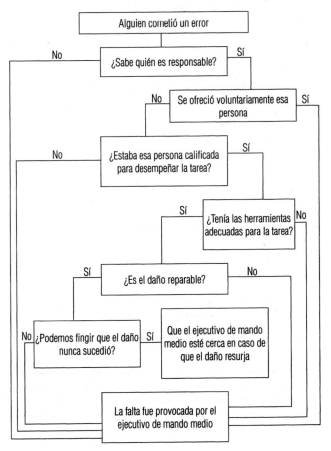

Establezca prioridades en el problema

Richard Sloma dice que nunca se debe tratar de resolver todos los problemas al mismo tiempo: alinéelos ante usted de uno en uno. Ya sea que usted enfrente tres problemas, treinta o trescientos, «colóquelos en una sola hilera de manera que usted se enfrente con uno solo a la vez». Aborde estos problemas, no con la intención de hallar lo que usted espera que esté allí, sino de encontrar la verdad y las realidades con las que debe luchar. Puede ser que no le guste lo que encuentre. En ese caso, usted tiene el permiso de tratar de cambiarlo. Pero no se engañe. Lo que encuentre puede ser o no el verdadero problema.

Defina el problema

En una sola oración, responda a la pregunta: «¿Cuál es el problema?» Bobb Biehl nos anima a recordar la diferencia entre resolver el problema y tomar una decisión. Una «decisión es una elección que usted hace entre dos o más alternativas, tales como: "¿Debo volar a Phoenix o a Chicago?" Un problema es una situación que está en contra de sus intenciones o expectativas: "Quise volar a Chicago, pero terminé en Detroit", o "Quise tener $50,000 en el banco, pero tengo un déficit de $50,000"».[4]

Definir el problema en una sola oración es un *proceso de cuatro pasos*.

1. Haga las preguntas correctas

Si usted tiene una idea vaga, no haga una pregunta general tal como «¿Qué está pasando aquí?», ni especule. En vez de eso, haga preguntas relacionadas con el proceso. Dos palabras que siempre gobiernan mis preguntas son *tendencia* y *tiempo*. La mayoría de las huellas de los problemas pueden ser rastreadas si se hacen preguntas específicas en estas dos áreas.

2. HABLE A LAS PERSONAS QUE DEBE HABLAR

Tenga cuidado de las autoridades que tienen una actitud de sabelotodo. Estas personas tienen puntos ciegos y se resisten al cambio. La creatividad es esencial para resolver problemas. En las conferencias de liderazgo a menudo ilustro este principio utilizando el problema de los nueve puntos.

Conecte los nueve puntos con cuatro líneas rectas sin levantar el lápiz del papel.

Si usted no ha solucionado este problema antes, trate ahora. Se vio obstaculizado, si hizo ciertas suposiciones sobre el problema que limitaban la gama de sus respuestas. ¿Supuso que las líneas no podían extenderse más allá del cuadrado imaginario formado por los puntos? Invalide esa suposición y podrá resolver el rompecabezas más fácilmente.

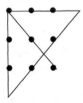

Esta solución creativa es bastante común. Menos conocidas son las soluciones alternas que resultan de invalidar otras suposiciones, tales como las sugeridas por el astrónomo Tom Wujec. Suposición:

las líneas deben pasar por el centro de los puntos. Si usted traza líneas que solamente toquen los puntos, puede resolver el rompecabezas en sólo tres rasgos.

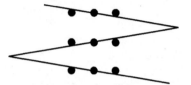

Suposición: Las líneas deben ser finas. Conecte los puntos con una sola línea gruesa para resolver el problema.

Suposición: No puede doblar el papel. Doble el papel dos veces, de esa manera los puntos estarán juntos en la superficie, y usted necesita solamente una sola línea ancha.

Suposición: El papel debe estar plano. Haga un rollo con el papel para formar un tubo. Es posible conectar los puntos con una espiral.

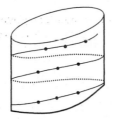

Suposición: Usted no puede cortar el papel. Rompa el papel en nueve pedazos con un punto en cada uno, y conecte todos los puntos haciendo un agujero en todos ellos con su lápiz.

Estas soluciones alternas hacen el clásico problema de los nueve puntos aun más efectivo para comunicar el mensaje de que podemos encontrar más maneras de resolver más problemas, si invalidamos ciertas suposiciones.[5]

3. Obtenga los hechos incontestables

Recuerde las palabras de Peter Drucker: «Una vez que los hechos están claros, las decisiones saltan a la vista». Por ejemplo, no permita que nadie le diga: «esa persona es un buen trabajador». Obtenga ejemplos concretos del desempeño de ese individuo. Escuche lo que *no* se dice y reúna esa importante información.

4. INVOLÚCRESE EN EL PROCESO

La mayoría de los problemas no son lo que parecen. No se limite a hacer las preguntas correctas y a reunir los hechos incontestables. Involúcrese en el proceso haciendo el trabajo del personal, y vea cuáles son los problemas que surgen. Los problemas deben resolverse al nivel más bajo posible porque es allí donde aparecen. Ese es el nivel, también, donde son definidos con más claridad.

ESCOJA A LAS PERSONAS QUE LE VAN A AYUDAR EN EL PROCESO DE RESOLVER PROBLEMAS

Sócrates desarrolló este método hace 2,400 años: Después de definir el problema que se le presentaba, reunía a otros y les pedía sus opiniones y el fundamento lógico para sustentarlas. Como a sí mismo se consideró moscardón, Sócrates pasó la mayor parte de su vida molestando a los complacientes y conservadores atenienses. Por medio de debates, lisonjas y aguijonear, obligó a los atenienses a cuestionarse las creencias que daban por sentado.

Esto, al final, le causó problemas. Los atenienses le acusaron de impiedad contra los dioses y de corromper a la juventud ateniense. Fue arrojado a la cárcel, juzgado y sentenciado a morir. Después de un mes, tiempo durante el cual rechazó la ayuda que le ofrecían sus amigos para escapar, Sócrates bebió una copa de cicuta y murió.

Nadie espera que vaya tan lejos. Pero practicar el método socrático le ayudará a ser un mejor líder.[6]

Antes de invitar a la gente a asistir a una reunión para resolver problemas, haga las siguientes preguntas:

• ¿Es este un verdadero problema?

- ¿Es urgente?
- ¿Se conoce la verdadera naturaleza del problema?
- ¿Es específico? (Si la gente habla sobre todo, al final no hablará sobre nada.)
- ¿Ha invitado al grupo más competente para tratar el problema, y cada participante está preocupado por resolverlo?

JUNTE LAS CAUSAS DEL PROBLEMA

Haga una lista de todas las posibles causas del problema averiguando qué causó el problema, y cómo se puede evitar esto en el futuro.

JUNTE TODAS LAS SOLUCIONES POSIBLES

Haga una lista de todas las soluciones posibles. Mientras más, mejor. Rara vez hay solamente una manera de resolver un problema. Las opciones son esenciales porque un problema cambia continuamente. El líder sin una solución de reserva para la respuesta primaria, pronto estará en dificultades.

ESTABLEZCA PRIORIDADES Y SELECCIONE LAS «MEJORES» SOLUCIONES

Sopese todas las soluciones posibles antes de decidir. El líder debe siempre responder a las siguientes preguntas:

- ¿Qué solución tiene el mayor potencial de ser acertada?
- ¿Qué solución favorece los mejores intereses de la organización?
- ¿Qué solución tiene de su lado el ímpetu y el tiempo oportunos?
- ¿Qué solución tiene la más grande posibilidad de éxito?

IMPLEMENTE LA MEJOR SOLUCIÓN

Norman Bushnell, fundador de Atari, dijo: «Todo el que haya tomado una ducha tiene una idea. Es la persona que sale de la ducha, se seca y hace algo al respecto, la que conoce la diferencia».

EVALÚE LA SOLUCIÓN

Deje que otros la prueben y hagan perforaciones en ella. Si hacen perforaciones intelectuales (tales como: «no creo que funcionará porque…»), ignórelos. Si señalan problemas operativos reales, observe y haga los ajustes. Haga estas preguntas para evaluar las respuestas:

- ¿Pudimos identificar las verdaderas causas del problema?
- ¿Hicimos la decisión correcta?
- ¿Se ha resuelto el problema?
- ¿Han aceptado esta solución las personas clave?
- ¿Ayudé a la gente a mejorar sus habilidades para resolver problemas a fin de que puedan enfrentar el conflicto en el futuro?

ESTABLEZCA LOS PRINCIPIOS O POLÍTICAS PARA IMPEDIR QUE LOS PROBLEMAS VUELVAN A SURGIR

Mientras que las políticas se establecen para una función en particular, los principios son una guía para todos y son más generales. Las políticas cambian cuando su aplicación ya no es indispensable. Los principios no cambian.

> Las políticas son muchas,
> los principios son pocos;
> las políticas cambiarán,
> los principios nunca lo harán.

Las políticas funcionan muy bien en asuntos operacionales y en un nivel administrativo más bajo. Una política nunca debe mantenerse y ser defendida cuando esta impide el cumplimiento del programa y demora el cambio que se necesita para progresar. El propósito de una política es dar una dirección clara y permitir un mejor flujo en la organización. Muchos problemas operacionales quedarán resueltos con la implementación de una política sólida.

Un principio dentro de mi organización es: «Tome siempre el camino más digno». Este principio significa que cuando hay debate, preguntas, o confrontación entre el personal y la gente, siempre espero que mi personal conceda el beneficio de la duda a otros. Este principio es para todos los de mi organización en todo el tiempo. Puede ser que no tenga nada que ver con un procedimiento operacional relativo a máquinas y papel, pero tiene que ver con la gente. Para enseñar principios efectivos a mi personal debo:

- enseñarlos mediante el ejemplo;
- relacionarlos, respondiendo a la pregunta: «¿Cómo puedo utilizar esto en mi vida?»; y
- aplaudir cuando veo los principios aplicados a su vida.

Más adelante dedico todo un capítulo a la importancia de tener las personas apropiadas a su alrededor. En relación con la solución de problemas, si usted es el que siempre soluciona y nunca enseña a los que le rodean a pensar y a decidir por sí mismos, tendrá un grupo dependiente de seguidores. Hace muchos años decidí concentrarme en ayudar a las personas a que ellas resolvieran sus problemas en vez de resolverles los problemas yo. Estas sugerencias son algunos métodos que usted encontrará efectivos:

- Nunca deje que otros piensen que usted tiene las mejores respuestas. Esto sólo les hará dependientes de usted.

- Haga preguntas. Ayude a la gente a pensar en todo el proceso del problema.
- Sea un entrenador, no un rey. Un entrenador logra lo mejor de otros, ayudándoles a llegar a lo más profundo y descubrir su potencial. Un rey solamente da órdenes.
- Haga una lista de las soluciones que ellos tienen. Integre sus ideas con las de ellos, hasta que se apropien de ellas.
- Pídales decidir sobre la mejor solución para su problema.
- Desarrolle el plan.
- Pídales apropiarse y aceptar la responsabilidad del plan. Permítales que fijen un límite de tiempo y un proceso para responder a él.

Su meta debe ser que cuando la reunión termine, la otra persona haya procesado el problema, buscado una solución, desarrollado un plan, y se haya apropiado de la idea. La relación de él o de ella con usted no será de dependencia, sino de profundización.

LO EXTRA EN EL LIDERAZGO:

LA ACTITUD

Cuando hablo sobre liderazgo en una conferencia, casi siempre pido que todos hagan este ejercicio:

Escriba el nombre de un amigo a quien admire mucho:

_____

Escriba una de las cosas que más admira de ese amigo:

_____

Me gustaría que apartara un momento y meditara en este ejercicio antes de continuar leyendo. Creo que obtendría una visión interesante e importante. Lo más probable es que lo que más admira de su amigo se relaciona con la actitud. Después que todos los participantes de la conferencia han hecho este ejercicio, les pido que me den sus respuestas. Proyecto las primeras veinticinco respuestas en una pantalla para que todos las vean. Pongo AC junto a las características que describen actitudes, H junto aquellas que describen habilidades, y AP en las palabras que tienen que ver con apariencia. Cada vez que dirijo este ejercicio, el 95% de las palabras descriptivas representan actitudes por las cuales se admiran a los amigos.

Chuck Swindoll dijo:

Mientras más vivo, más me doy cuenta del impacto de la actitud en la vida. Para mí, la actitud es más importante que los hechos. Es más importante que el pasado, que la educación, que el dinero, que las circunstancias, que los fracasos, que el éxito, que lo que piensan, dicen o hacen otras personas. Es más importante que la apariencia, las capacidades o la habilidad. La actitud prosperará o hará quebrar a una compañía, a una iglesia o a un hogar. Lo más importante es que cada día podemos escoger la actitud que vamos a tener ese día. No podemos cambiar nuestro pasado. Ni podemos cambiar el hecho de que las personas actuarán de cierta manera. Tampoco podemos cambiar lo inevitable. Lo único que podemos hacer es jugar con el único recurso que tenemos, y que es nuestra actitud. Estoy convencido que la vida es en un 10% lo que me sucede y el 90% cómo reacciono ante lo que me sucede. Y eso es lo que pasa con usted: somos responsables de nuestras actitudes.[1]

Así como nuestras actitudes son lo extra en nuestras vidas, son también muy importantes para dirigir a otros. El liderazgo tiene menos que ver con la posición que lo que tiene que ver con la disposición. La disposición de un líder es importante porque influirá en la manera como los seguidores piensan y sienten. Los grandes líderes saben que una actitud correcta creará la atmósfera adecuada para que los demás respondan bien.

NUESTRAS ACTITUDES SON NUESTRO ACTIVO MÁS IMPORTANTE

Puede ser que las actitudes no sean el activo que nos haga grandes líderes, pero sin buenas actitudes, jamás llegaremos a desarrollar todo nuestro potencial. Nuestras actitudes son las que nos dan ese pequeño margen extra sobre aquellos que piensan equivocadamente. Walt Emerson dijo: «Lo que está atrás de nosotros y lo que está delante de nosotros son cosas insignificantes comparadas con lo que está adentro de nosotros».

El Informe Cos de 1983 sobre los Negocios de Estados Unidos, decía que el 94% de todos los ejecutivos de Fortuna 500, atribuían su éxito más a la actitud que a cualquier otro ingrediente.

Robert Half International, una firma consultora de San Francisco, pidió, recientemente, a los vicepresidentes y a los directores de personal de las cien compañías más grandes de Estados Unidos que mencionaran la razón más importante para despedir a un empleado. Las respuestas son muy interesantes y destacan la importancia de la actitud en el mundo de los negocios.

- Incompetencia: 30%
- Incapacidad para trabajar con otros: 17%.
- Deshonestidad o mentira: 12%.
- Actitud negativa: 10%.
- Falta de motivación: 7%.
- Fallas o negativa para seguir las instrucciones: 7%.
- Otras razones: 8%.

Note que aunque la incompetencia ocupa el primer lugar en la lista, las siguientes cinco razones fueron problemas de actitud.

No hace mucho, el Instituto Carnegie analizó los registros de diez mil personas y concluyó que el 15% del éxito se debe a la capacitación técnica. El otro 85% se debe a la personalidad, y el principal rasgo de personalidad identificado en la investigación fue la actitud.

Nuestras actitudes determinan lo que vemos y cómo manejamos nuestros sentimientos. Estos dos factores determinan en gran medida nuestro éxito.

Lo que vemos: La Psicología 101 me enseñó que vemos lo que estamos preparados para ver. Un hombre que vivía en un suburbio, al no poder encontrar su sierra, sospechó que el hijo de su vecino, que siempre estaba haciendo trabajos de carpintería en el vecindario, la había robado. Durante la siguiente semana, todo lo que el muchacho hacía parecía sospechoso: la manera de caminar, el tono de voz, los gestos. Pero cuando el hombre encontró la sierra detrás de su banco de trabajo, donde por accidente la había dejado caer, nunca más pudo ver algo sospechoso en el hijo del vecino.

Nell Mohney, en su libro *Beliefs Can Influence Attitudes*, ilustra muy acertadamente esta verdad. Mohney cuenta de un experimento doble ciego realizado en la bahía de San Francisco. El director de una escuela llamó a tres maestros y les dijo: «Porque ustedes tres son los mejores maestros en el sistema y tienen la mayor experiencia, vamos a entregarles noventa estudiantes con alto coeficiente intelectual. Queremos que ustedes trabajen con estos estudiantes, durante todo el próximo año, a su propio ritmo, y vean cuánto pueden aprender».

> La vida es en un 10% lo que me sucede y el 90% cómo reacciono ante lo que me sucede.

Todos se sintieron contentos, la facultad y los estudiantes.

Ese año los maestros y los estudiantes disfrutaron mucho los unos de los otros. Los maestros enseñaron a los estudiantes más brillantes; los estudiantes se beneficiaron de la atención especial y de la instrucción de maestros altamente capacitados. Al final del experimento, los estudiantes habían logrado un aprovechamiento de un 20 a un 30% más que el resto de los estudiantes de toda el área.

El director llamó a los profesores y les dijo: «Debo confesarles algo: ustedes no tuvieron a noventa estudiantes de alto nivel intelectual, eran estudiantes comunes y corrientes. Tomamos a noventa estudiantes al azar de entre todo el grupo, y los entregamos a ustedes».

Los maestros dijeron: «Eso quiere decir que somos maestros excepcionales».

El director continuó: «Tengo otra confesión que hacerles: ustedes no eran los maestros más brillantes. Sus nombres fueron simplemente los primeros que salieron al azar de un sombrero».

Los profesores preguntaron: «¿Qué fue lo que causó la diferencia entonces? ¿Por qué noventa estudiantes se desempeñaron en un nivel tan excepcional durante todo el año?»[2]

La diferencia, por supuesto, eran las expectativas de los maestros. Nuestras expectativas tienen mucho que ver con nuestras actitudes. Y estas expectativas pueden ser totalmente falsas, pero determinarán nuestras actitudes.

> El liderazgo tiene menos que ver con la posición que lo que tiene que ver con la disposición.

Cómo manejamos nuestros sentimientos: Observe que no dije que nuestras actitudes determinan cómo nos sentimos. Hay una gran diferencia entre cómo nos sentimos y cómo manejamos nuestros sentimientos. Todos tenemos momentos en que nos sentimos mal. Nuestras actitudes no pueden detener nuestros sentimientos, pero pueden impedir que nuestros sentimientos nos detengan. Desgraciadamente, muchas personas dejan que sus sentimientos las controlen hasta que terminan como el pobre Ziggy en la tira cómica.

Ziggy está sentado bajo un árbol contemplando la luna y dice: «He estado aquí y he estado allí. He estado arriba y he estado abajo. He estado adentro y he estado afuera. He estado cerca y he estado lejos. ¡Pero ni una sola vez, ni siquiera una vez, he estado "en el lugar preciso"!»

> No podemos seguir funcionando de una manera que no concuerde con lo que creemos de nosotros mismos.

Todos los días veo a personas que se sienten controladas. Una encuesta reciente indica que las personas con problemas emocionales tienen el 144% más de probabilidades de tener accidentes automovilísticos, que los que son emocionalmente estables. Un hecho alarmante revelado en este estudio es que una de cada cinco víctimas de accidentes fatales tuvo una disputa dentro de las seis horas anteriores a su accidente.

ES IMPROBABLE QUE UNA PERSONA CON UNA MALA ACTITUD PUEDA TENER ÉXITO CONTINUAMENTE

Norman Vincent Peale relata esta historia en su libro *Power of the Plus Factor*:

> Caminando por las serpenteadas callejuelas de Kowloon en Hong Kong, llegué a un estudio de tatuajes. En la vitrina se exhibían las muestras de los tatuajes disponibles. En el pecho o en los brazos podían grabar el tatuaje de un ancla o bandera o sirena o cualquier cosa. Pero lo que me impactó hondamente era ver que había tres palabras que podían ser tatuadas en la carne de uno: *Nacido para perder*.
>
> Asombrado, entré a la tienda y, señalando a esas palabras, pregunté al artista tatuador chino: «¿En verdad, hay alguien que quiera tener esa terrible frase, *Nacido para perder*, tatuada en su cuerpo?»
>
> El respondió: «Sí, a veces».
>
> «Pero», dije, «no puedo creer que alguien de mente sana haga eso».

> La actitud de un líder es captada más rápidamente que sus acciones.

El chino se limitó a golpearse la frente con sus dedos y en muy mal inglés dijo: «Antes de que el tatuaje esté en el cuerpo, el tatuaje está en la mente».[3]

Una vez que la mente está «tatuada» con pensamientos negativos, las posibilidades de éxito a largo plazo disminuyen. No podemos continuar funcionando de una manera en la que nosotros mismos no creemos verdaderamente. Con frecuencia veo a las personas sabotearse a sí mismas por causa del pensamiento equivocado.

El mundo de los deportes siempre ha apreciado a Arnold Palmer. Los miembros del «ejército de Arnie» se pueden contar todavía entre los jóvenes y los viejos. Este gran golfista nunca hizo ostentación de su éxito. Aunque ha ganado cientos de trofeos y premios, el único trofeo que tiene en su oficina es una pequeña copa estropeada que ganó en su primer campeonato profesional en el torneo abierto de Canadá en 1955. Además de la copa tiene una placa solitaria en la pared. La placa dice por qué ha tenido éxito en el golf y fuera de él. Se puede leer:

> Si cree que está vencido, lo está.
> Si piensa que no se atreve, no lo hará.
> Si le gusta ganar pero piensa que no puede,
> es casi seguro que no ganará.
> Las batallas de la vida no siempre van dirigidas
> al hombre más fuerte o al hombre más veloz.
> Tarde o temprano, el hombre que gana
> es el hombre que cree que puede.

¿Cuál es la diferencia entre un golfista que gana un torneo de golf y un Arnold Palmer? ¿Es la capacidad? ¿Es la suerte? ¡Absolutamente no! Cuando un promedio inferior a dos golpes por torneo es lo que distingue a los veinticinco mejores golfistas del mundo, la diferencia tiene que ser algo más que la simple habilidad.

La diferencia está en la actitud. Las personas con pensamientos negativos pueden comenzar bien, tener unos cuantos días buenos, y ganar un partido. Pero tarde o temprano (por lo general temprano), sus actitudes los derrumbarán.

SOMOS RESPONSABLES DE NUESTRAS ACTITUDES

Nuestro destino en la vida no será determinado jamás por nuestro espíritu quejumbroso o elevadas expectativas. La vida está llena de sorpresas y el ajuste de nuestras actitudes es un proyecto para toda la vida.

> El pesimista se queja del viento.
> El optimista espera que cambie.
> El líder arregla las velas.

Mi padre, Melvin Maxwell, ha sido siempre mi héroe. Es un líder de líderes. Uno de sus lados fuertes es la actitud positiva. Recientemente mis padres pasaron un tiempo con mi familia. Cuando abrió su maletín, vi un par de libros motivadores sobre la actitud.

Le dije: «Papá, tienes setenta años. Siempre has tenido una magnífica actitud. ¿Todavía lees esas cosas?»

Mirándome a los ojos dijo: «Hijo, tengo que seguir trabajando en la vida de mi pensamiento. Soy responsable de tener una buena actitud y de mantenerla. Mi actitud no funciona en forma automática».

¡Fantástico! Esa es una lección para todos. Somos nosotros los que escogemos qué actitudes adoptar ahora mismo. Y esta es una elección continua. Me sorprende la gran cantidad de adultos que no asumen la responsabilidad de sus actitudes. Si están malhumorados y alguien les pregunta por qué, dicen: «Me levanté por el lado equivocado de la cama». Cuando el fracaso comience a plagar sus vidas dirán: «Nací en el lado equivocado de la vía». Cuando la vida comience a perder el sabor mientras otros miembros de la familia todavía estén esforzándose, dirán: «Bueno, nací en el orden equivocado entre los miembros de la familia». Cuando sus matrimonios fracasan, creen que se casaron con la persona equivocada. Cuando algún otro logra una promoción que ellos querían para sí, es porque estaban en el lugar equivocado, en el tiempo equivocado.

¿Se da cuenta de algo? Siempre culpan a otros por sus problemas.

El día más grande en su vida y en la mía será cuando aceptemos la responsabilidad total por nuestras actitudes. Ese es el día en el que verdaderamente creceremos.

Un asesor le sugirió al Presidente Lincoln cierto candidato para el gabinete. Pero Lincoln lo rechazó diciendo: «No me gusta la cara del hombre».

«Pero, señor, el no es responsable de su cara», insistió el consejero.

«Todo hombre de más de cuarenta años es responsable de su cara», replicó Lincoln, y allí quedó el asunto. No importa lo que piense sobre su actitud, ¡se ve en su cara!

El otro día vi una calcomanía en la defensa de un carro que decía: «La miseria es una opción». ¡Ya lo creo! Así lo cree la hija de una mujer a quien oí contar esto. La mujer y su hija fueron a hacer compras de Navidad juntas. La aglomeración era tremenda. La mujer tuvo que pasar por alto el almuerzo porque estaba apretada de tiempo. Estaba cansada y con hambre, y sus pies le dolían terriblemente. Estaba sumamente irritable.

Cuando salieron de la última tienda, preguntó a su hija: «¿Viste la terrible mirada que me dio el vendedor?»

La hija le respondió: «No te la dio a ti, mamá. Tú la tenías cuando entraste».

No podemos escoger cuántos años vivir, pero podemos escoger cuánta vida tendrán esos años.

No podemos controlar la belleza de nuestra cara, pero podemos controlar la expresión en ella.

No podemos controlar los momentos difíciles de la vida, pero podemos decidir hacerla menos difícil.

No podemos controlar la atmósfera negativa del mundo, pero podemos controlar la atmósfera de nuestras mentes.

Muy a menudo tratamos de escoger y controlar las cosas que no podemos.

Muy rara vez decidimos controlar lo que podemos… nuestra actitud.[4]

NO ES LO QUE ME SUCEDE A MÍ LO QUE IMPORTA, SINO LO QUE SUCEDE EN MÍ

Hugh Downs dice que una persona feliz no es una persona con cierto conjunto de circunstancias, sino más bien una persona con cierto conjunto de actitudes. Muchas personas creen que la felicidad es una condición. Cuando las cosas van bien, están felices. Cuando las cosas van mal, están tristes. Algunas personas tienen lo que llamo una «enfermedad de destino». Piensan que la felicidad se encuentra en una posición o en un lugar. Otras personas tienen lo que llamo una «enfermedad de alguien». Piensan que la felicidad resulta de conocer o estar con una persona en particular.

Me impresiona la filosofía de la siguiente declaración: «Dios decide por lo que vamos a pasar. Nosotros decidimos cómo pasar por ahí». Esto describe la actitud de Viktor Frankl al ser terriblemente maltratado en un campo de concentración nazi. Sus palabras dirigidas a sus perseguidores, han sido una inspiración para millones de personas. Dijo: «Lo único que ustedes no pueden quitarme es la manera cómo decido responder a lo que me hacen. La última libertad de uno, es decidir la actitud de uno en cualquier circunstancia dada».[5]

Clara Barton, fundadora de la Cruz Roja Norteamericana, entendió la importancia de escoger la actitud correcta, aun en situaciones equivocadas. Nunca se supo que guardara rencor contra alguien. Una vez, un amigo le recordó algo cruel que le había pasado años antes, pero Clara parecía no recordar el incidente.

«¿No recuerdas el mal que te hicieron?», le preguntó el amigo.

«No», respondió Clara calmadamente. «Recuerdo claramente haber olvidado eso».

Muchas veces las personas que han sufrido situaciones adversas en sus vidas se vuelven amargadas y enojadas. Con el tiempo sus vidas se tornan negativas y manifiestan dureza hacia los demás. Tienen la tendencia de recordar los tiempos difíciles y decir: «Ese incidente arruinó mi vida». De lo que no se dan cuenta es que ese incidente reclamaba una decisión de actitud, una respuesta. El haber escogido una actitud equivocada, no la condición, arruinó sus vidas.

C. S. Lewis dijo: «Cada vez que usted toma una decisión, está convirtiendo esa parte de control de usted, esa parte que escoge, en algo un poco diferente de lo que era antes. Y al tomar su vida como un todo, con todas sus innumerables posibilidades, está haciendo lentamente de ese control una criatura celestial o una infernal».[6]

LA ACTITUD DEL LÍDER AYUDA A DETERMINAR LAS ACTITUDES DE LOS SEGUIDORES

El liderazgo es influencia. La gente se contagia de las actitudes como se contagia de los resfriados: acercándose. Uno de los pensamientos más fuertes que me viene a la mente se centra en mi influencia como líder. Es importante que posea una buena actitud, no solamente por mi éxito personal, sino también por el beneficio de los demás. Mi responsabilidad como líder debe ser vista siempre a la luz de muchos, no sólo de mí mismo.

El doctor Frank Crane nos recuerda que una pelota rebota de la pared con la misma fuerza con la que la hemos lanzado. Hay una ley del efecto, en física, que dice que la acción es igual a la reacción. Esa ley también es aplicable al campo de la influencia. Es mas, los efectos se multiplican con la influencia de un líder. La acción de un líder se multiplica en reacción porque hay varios seguidores. Dar una sonrisa retribuye muchas otras sonrisas. Manifestar ira desata mucha ira en los otros. Hay pocas víctimas reales del destino. Los generosos reciben ayuda y a los mezquinos se les rehúye.

¿Recuerda la milla de cuatro minutos? La gente trató de lograrla desde los días de los antiguos griegos. La tradición dice que los griegos soltaban leones que persiguieran a los corredores creyendo que los harían correr más rápidamente.

También bebían leche de tigre, no la que se encuentra en las tiendas de productos naturales, sino la verdadera. Nada de lo que intentaban, funcionaba. Se dieron cuenta de que era imposible que una persona corriera una milla en cuatro minutos o menos. Y por más de mil años todo el mundo creyó así. Decían que nuestra estructura ósea no era apropiada. Que la resistencia al viento era demasiado fuerte. Que teníamos una capacidad pulmonar inadecuada. Había miles de razones.

Entonces un hombre, un solo hombre, demostró que los médicos, los entrenadores, los atletas y los millones de corredores anteriores a él que habían intentado y fracasado, estaban equivocados. Y, milagro de milagros, el año siguiente al que Roger Bannister rompió el récord de una milla, otros treinta y siete corredores lo hicieron también. El año siguiente a ese, trescientos deportistas corrieron la milla en menos de cuatro minutos. Y hace unos pocos años, en una sola carrera en Nueva York, trece de trece corredores rompieron el récord de la milla de cuatro minutos. En otras palabras, hace unas pocas décadas el corredor que cayó muerto al finalizar una carrera en Nueva York, hubiera sido recordado como uno que logró lo imposible.

¿Qué sucedió? No hubo realmente grandes avances en el entrenamiento. Ninguno descubrió cómo controlar la resistencia del viento. La estructura ósea humana y la fisiología no mejoraron de repente. Pero las actitudes humanas, sí.

Usted puede alcanzar sus metas si las fija. ¿Quién dice que no es más dedicado, más inteligente, mejor, más trabajador, más capaz que su competidor? No importa si dicen que usted no puede hacerlo. Lo que importa, lo *único* que importa es si *usted* lo dice.

Hasta que Roger Bannister lo hizo, todos creíamos en los expertos. Y los «expertos» continúan impidiendo que los demás lleguen a hacer efectivo todo su potencial. ¿Por qué? Porque los expertos tienen influencia. Creo que la actitud de un líder es captada más rápidamente que sus acciones. Una actitud se refleja en los demás aun cuando no siga la acción. Una actitud se puede expresar sin hablar una sola palabra.

La actitud de un líder produce efectos en los demás y, por esta razón, al contratar ejecutivos se considera la actitud de los candidatos. Los psicólogos enumeran cinco áreas que deben evaluarse en la promoción de los empleados a un puesto ejecutivo: ambición, actitudes en relación con la política, actitudes con los colegas, capacidad de supervisión, actitudes hacia la demanda excesiva de tiempo y energía. Un candidato que estuviera desequilibrado en una o más de estas áreas, probablemente proyectaría una actitud negativa y, por eso, demostraría ser un líder pobre.

Tómese un momento y haga una lista de sus actitudes negativas que influyen en los demás ahora mismo.

1.

2.

3.

4.

CÓMO CAMBIAR SU ACTITUD

Muchas personas parecen sufrir de lo que Ashley Montagu, el gran antropólogo, llamó *psicoesclerosis*. La psicoesclerosis es como la arterioesclerosis (endurecimiento de las arterias). La psicoesclerosis es el *endurecimiento de las actitudes*.

David Neiswanger de la Fundación Menninger dice que si cada uno de nosotros pudiera, con la ayuda de la ciencia, vivir cien años, «¿De qué nos beneficiaría eso si nuestros odios y temores, nuestra soledad y nuestro remordimiento no nos permitirían disfrutarlos?»

Los siguientes puntos le ayudarán a cambiar actitudes.

REPASE

Hace muchos años mi esposa Margaret y yo compramos nuestra primera casa. Nuestras limitadas finanzas nos obligaron a encontrar maneras de conseguir lo que queríamos sin gastar mucho dinero. Convinimos en que trabajaríamos en el jardín de la entrada nosotros mismos para ahorrar dinero, y a más de eso crear juntos un ambiente apropiado para nuestro hogar. Nos pareció excelente.

Un día, encontrándome en el patio de atrás de la casa, me di cuenta de que no habíamos empleado ni tiempo ni dinero para arreglar esta parte. ¿Por qué? Porque no podía ser vista por los demás cuando pasaran por la casa. Habíamos descuidado el área que estaba escondida. Eso es exactamente lo que las personas hacen con su vida. Su apariencia, lo que se ve, está arreglada, no importa el costo y la energía. Sin embargo, descuidan sus actitudes y estas permanecen en el subdesarrollo. ¿Recuerda el comienzo de este capítulo? Vuélvalo a leer otra vez, y luego haga todo su esfuerzo para cambiar las áreas interiores de su vida.

Las seis etapas del cambio de actitud

1. Identifique los sentimientos que son problema

Esta es la etapa inicial de conciencia y la más fácil de declarar.

2. Identifique los problemas de conducta

Ahora nos vamos bajo la superficie. ¿Qué produce malos sentimientos? Escriba las acciones que producen sentimientos negativos.

3. Identifique los problemas de pensamiento

William James dijo: «Lo que llama nuestra atención determina nuestra acción».

4. Identifique el pensamiento correcto

Escriba en un papel el pensamiento correcto y lo que usted desea. Puesto que sus sentimientos vienen de sus pensamientos, usted puede controlar sus sentimientos cambiando una sola cosa: ¡sus pensamientos!

5. Haga un compromiso público de pensar correctamente

El compromiso público es el compromiso más poderoso.

6. Desarrolle un plan para pensar correctamente

Este plan debe incluir:

- Una definición escrita del pensamiento correcto deseado.
- Una manera de medir el progreso.
- Una medida diaria del progreso.
- Una persona ante quien responder.

- Una dieta diaria de materiales de ayuda propia.
- Asociación con personas que piensen correctamente.

Resuelva

Cuando un líder necesita pedir a otros que comprometan su tiempo, se deben contestar dos preguntas: «¿Pueden?» (esto tiene que ver con la capacidad) y «¿Lo harán?» (esto tiene que ver con la actitud). La más importante de las dos es: «¿Lo harán?» Otras dos preguntas permiten contestar la de «¿Lo harán?» La primera es «¿Es el tiempo correcto?», «¿Son las condiciones propicias para que haya un cambio positivo?» La segunda pregunta es: «¿La temperatura es alta?» Además de las condiciones favorables, ¿existe un ardiente deseo de pagar el precio para lograr el cambio necesario?

Cuando ambas preguntas puedan contestarse con un resonante ¡Sí!, entonces la resolución es firme y el éxito es posible.

Redefina

Denis Waitley dice que los ganadores en la vida piensan constantemente en términos de «yo puedo», «yo quiero» y «yo soy». Los perdedores, por otro lado, concentran sus pensamientos todo el día en lo que deberían haber hecho o en lo que no hicieron. Si no nos gusta los que hemos hecho, entonces debemos cambiar el cuadro.

Los investigadores de cáncer en el King's College de Londres hicieron un estudio a largo plazo de cincuenta y siete víctimas de cáncer del seno que sufrieron mastectomía. Hallaron que siete de cada diez mujeres «con un espíritu de lucha» estaban vivas diez años después, mientras que cuatro de cada cinco mujeres «que se sintieron sin esperanza» en el diagnóstico, habían muerto.

El estudio de cómo la esperanza afecta a la salud tiene un nombre ostentoso: *psiconeuroinmunología*. El Centro Médico de Harborview en Seattle investiga en este campo y sus descubrimientos apoyan las conclusiones de los investigadores del King's College. En un estudio de dos años de víctimas de quemaduras, el equipo de Harborview descubrió que los pacientes con actitudes positivas se recuperaban más rápidamente que los que tenían actitudes negativas.[7]

Redefinir sus actitudes significa:

> No puedo cambiar el mundo, pero puedo cambiar la manera en que veo el mundo desde adentro.

REINGRESE

Cuando usted cambia su manera de pensar, comienza inmediatamente a cambiar su conducta. Comience a actuar en el papel de la persona que quisiera ser. Adopte el comportamiento que admira y hágalo suyo. Muchas personas quieren sentir y luego actuar. Esto nunca funciona.

Un día, mientras visitaba un consultorio médico, leí esto en una revista médica:

> Lo oímos casi todos los días… suspiro… suspiro… suspiro. «No logro motivarme para bajar de peso, hacerme un examen del nivel de azúcar, etc…» Y oímos un número igual de suspiros de los educadores sobre la diabetes que no pueden lograr que sus pacientes se sientan motivados para hacer lo correcto contra la diabetes y a favor de la salud.
>
> Le tenemos buenas noticias. La motivación no le va a impactar como un relámpago. Y la motivación no es algo que otro —la enfermera, el médico, un miembro de la familia— pueda darle ni forzar en usted. Todo el asunto de la motivación es una trampa. Olvide la motivación. Simplemente hágalo. Ejercicio, bajar de peso, prueba del azúcar o lo que quiera. Hágalo sin motivación. Y luego, ¿adivine qué? Después de que comienza a hacerlo, la motivación viene y facilita el seguir haciéndolo.

«La motivación», dice John Bruner, «es como el amor y la felicidad», un producto derivado. Cuando usted está activamente comprometido a hacer algo, la motivación viene de pronto cuando menos lo espera».

Como dice Jerome Bruner, psicólogo de Harvard, usted puede más fácilmente actuar para sentir que sentir para actuar. Así que ¡actúe! Lo que quiera que sepa que deba hacer, hágalo.

El desarrollo de la actitud apropiada en nuestros hijos, Elizabeth y Joel Porter, es muy importante para mi esposa Margaret y para mí. Hace mucho tiempo aprendimos que la manera más efectiva de cambiar las actitudes de nuestros hijos es trabajar en su conducta. Pero cuando decimos a uno de nuestros hijos: «Cambia tu actitud», el mensaje es demasiado general y el cambio que queremos no está muy claro. Un método más efectivo es explicar conductas que significan malas actitudes. Si les ayudamos a cambiar sus conductas, sus actitudes cambiarán por su propia cuenta. En vez de decirles: «Tengan una actitud de gratitud», les pedimos que den un cumplido a cada miembro de la familia, cada día. Cuando esto se vuelve un hábito en sus vidas, la actitud de gratitud viene por sí sola.

REPITA

Paul Meier dijo: «Las actitudes no son otra cosa más que hábitos de pensamiento, y los hábitos se pueden adquirir. Una acción repetida llega a ser una acción realizada». Una vez, cuando dictaba una conferencia me pidieron un plan sencillo para ayudar a una persona a cambiar algunas actitudes equivocadas. Les recomendé dos cosas, para ayudar a cambiar su actitud. Primera:

> Diga las palabras correctas,
> lea los libros correctos,
> escuche las cintas correctas,
> reúnase con las personas correctas,

haga las cosas correctas,
ore la oración correcta.

La segunda era hacer la primera todos los días, no solamente una vez o cuando a usted le pareciera, y ver como su vida mejoraba.

RENUEVE

Felizmente, después de un tiempo, una actitud positiva puede reemplazar a una negativa. Nuevamente, permítame enfatizar que la batalla nunca termina, pero vale la pena nuestro esfuerzo. Mientras más sean arrancados los pensamientos negativos y reemplazados por positivos, mayor renovación personal se experimentará. Mi amiga Lena Walker escribió, en homenaje a su abuelo, sobre una práctica que le transmitió a ella. Estas palabras describen efectivamente el continuo proceso del desarrollo de la actitud y del valor de vencer los pensamientos negativos.

> Cada año, cuando se acerca la primavera, mis pensamientos se dirigen a un hombre de pelo cano que salió en esta época del año, para combatir. El enemigo no era carne ni sangre sino una pequeña flor amarilla llamada «mostaza». Al contemplarla en los campos y praderas, esta pincelada amarilla parece inofensiva, pero año tras año continúa su marcha y con el tiempo puede tomar posesión de campos enteros. Cada primavera, mi abuelo caminaba por los campos arrancando de raíz estas flores amarillas.

> Con el tiempo me casé y fui a vivir en una granja de Ohio. Cada primavera, yo miraba y veía estas mismas flores amarillas. Los primeros años en la granja no hice nada al respecto, pero cuando me vino la madurez pude ver el porqué de los esfuerzos de mi abuelo y entendí su sabiduría. Decidí, también, salir y pelear con el enemigo.

Ahora, cada año, cuando camino por los campos arrancando alguna planta ocasional de mostaza, siento que lo hago como tributo a mi abuelo.

Para mí, esta cizaña representa nuestros malos hábitos y pensamientos negativos. Necesitamos arrancarlos constantemente para que nuestras hojas puedan estar lozanas y verdes en la búsqueda de una vida productiva y feliz.

DESARROLLO DE SU ACTIVO MÁS IMPORTANTE:

LA GENTE

El que influye en otros para que le sigan es solamente un líder con ciertas limitaciones. El que influye en otros para que dirijan a otros es un líder sin limitaciones. Como dijo Andrew Carnegie, nadie es un gran líder si quiere hacerlo todo él mismo o atribuirse el crédito por hacerlo.

Guy Ferguson lo dice así:

> Saber cómo hacer algo constituye la satisfacción del trabajo;
> estar dispuesto a enseñar a otros constituye la satisfacción del maestro;
> inspirar a otros para hacer mejor un trabajo, constituye la satisfacción de un administrador;
> poder hacer todas estas tres cosas constituye la satisfacción de un verdadero líder.

Este capítulo se centrará en la importancia de preparar a las personas para que puedan ayudarle a implementar sus sueños como líder. La tesis es: *Mientras más personas prepare, mayor será el alcance de sus sueños.*

Las personas que ocupan posiciones de liderazgo, pero intentan hacer el trabajo solos llegarán, algún día, a la misma conclusión a la que llegó el albañil que quiso bajar doscientos veintisiete kilogramos de ladrillos desde la terraza de un edificio de cuatro pisos, hasta la acera. Su problema era que quiso hacerlo solo. Cuando llenaba un formulario para reclamar el seguro contra accidentes, explicó: «Me hubiera demorado mucho llevando los ladrillos en las manos, por lo tanto decidí ponerlos en un barril y bajarlo con una polea que había colocado en la terraza del edificio. Después de atar la cuerda firmemente al nivel del suelo, en la acera, subí a la terraza. Até la cuerda alrededor del barril cargado de ladrillos y lo dejé balanceándose sobre la acera para luego hacerlo descender.

»Entonces bajé a la acera y desaté la cuerda para ir soltándola lentamente para que bajara el barril. Pero como yo pesaba solamente sesenta y cuatro kilogramos, los doscientos veintisiete del barril me levantaron tan rápidamente que no tuve tiempo de pensar en soltar la cuerda. Cuando subía velozmente entre el segundo y tercer pisos me encontré con el barril que bajaba también velozmente. Esa es la razón por la que tengo golpes y laceraciones en la parte superior de mi cuerpo.

»Sostenido firmemente de la cuerda llegué hasta la terraza y mi mano se atoró en la polea. Por eso tengo roto el pulgar. Al mismo tiempo el barril dio con fuerza contra la acera y se desfondó. Ya sin el peso de los ladrillos, el barril pesaba apenas unos dieciocho kilogramos, de manera que mi cuerpo de sesenta y cuatro kilogramos inició un veloz descenso en el que me encontré con el barril que subía. Esa es la razón por la que tengo roto mi talón.

»Frenado sólo ligeramente por el golpe, continué el descenso y aterricé sobre la pila de ladrillos. Esa es la razón por la que tengo torcida la espalda y rota la clavícula.

»Entonces perdí el conocimiento y solté la cuerda, y el barril vacío descendió con toda su fuerza cayendo sobre mí y haciéndose pedazos. Esa es la razón por la que tengo heridas en la cabeza.

»A la última pregunta del formulario: "¿Qué haría si surgiera la misma situación otra vez?",

no le quepa duda que jamás haré el trabajo solo otra vez».

He observado que las personas están en tres niveles en cuanto a la habilidad para trabajar:

Nivel 1: La persona que trabaja mejor con la gente es un seguidor.

Nivel 2: La persona que ayuda a la gente a trabajar mejor es un administrador.

Nivel 3: La persona que capacita a la gente para trabajar es un líder.

PRINCIPIOS PARA PREPARAR A LA GENTE

Mi éxito en la preparación de otros dependerá de la manera cómo cumpla cada una de las siguientes recomendaciones:

- **Evaluación de la gente**. Es un asunto de actitud.
- **Dedicación a la gente**. Es un asunto de mi tiempo.
- **Integridad con la gente**. Es un asunto de carácter.
- **Normas para la gente**. Es un asunto de visión.
- **Influencia sobre la gente**. Es un asunto de liderazgo.

De mi propia experiencia y de la observación de otros líderes que son excelentes en esta área vital, puedo decir que hay tres áreas en las que los buenos capacitadores de personal difieren de los que no son buenos. Los buenos capacitadores:

1. hacen las suposiciones correctas sobre la gente;

2. hacen las preguntas correctas en relación con la gente; y

3. dan la ayuda correcta a la gente.

LOS BUENOS CAPACITADORES HACEN LAS SUPOSICIONES CORRECTAS SOBRE LA GENTE

Motivar a otros siempre me ha sido relativamente fácil. Me han preguntado por años: «John, ¿cómo motivas a la gente?» Les he respondido: «Me mantengo con entusiasmo»; «animo a otros»; «les muestro el camino»; «creo en la gente». He visto que otros han seguido mi consejo y han tenido éxito pero solamente por poco tiempo para luego volver a los viejos hábitos, con el resultado de un estado de ánimo decaído.

Al observar este ciclo de retroceso me preguntaba por qué las personas que habían oído mi consejo no podían motivar a otros continuamente. ¡Un día comprendí! Les estaba dando el *fruto* de mi motivación, pero no las *raíces*. Escribían mis respuestas externas sin recibir el beneficio de mis suposiciones internas en cuanto a la gente. Lo que yo supongo de otros es lo que me motiva continuamente a capacitarlos. En efecto, un líder que tiene las suposiciones correctas sobre las personas es el factor clave para su continuo desarrollo.

> El que influye en otros para que dirijan es un líder sin limitaciones.

Una suposición es una opinión de que algo es verdad. Mis suposiciones sobre las personas determinarán en mucho cómo las trate. ¿Por qué? Lo que supongo es lo que busco. Lo que busco es lo que encuentro. Lo que encuentro influye en mi respuesta. Por eso, las suposiciones negativas en cuanto a otros, estimularán un liderazgo negativo sobre ellos. Las suposiciones positivas sobre otros, estimularán un liderazgo positivo sobre ellos. He aquí algunas suposiciones sobre las personas que he encontrado de valor.

SUPOSICIÓN: CADA UNO QUIERE SENTIRSE VALIOSO

Los maestros, escritores, administradores, políticos, filósofos y líderes que tratan con gente, saben instintivamente este simple hecho: Toda persona en el mundo tiene hambre. Sí, toda persona en este mundo tiene hambre de algo, ya sea reconocimiento, compañerismo, comprensión, amor, la lista es interminable. Algo que siempre encuentro en la lista de necesidades de las personas es el deseo de sentirse valiosas. ¡La gente quiere sentirse importante! Donald Laird dice que hay que ayudar siempre a la gente a aumentar su propia autoestima. Desarrolle su capacidad para hacer que otras personas se sientan importantes. No hay un cumplido más alto que usted pueda presentar a un individuo que ayudarle a ser útil y a encontrar satisfacción y significado. ¡Ya lo creo!

Mi agenda de viajes está siempre llena, y muy a menudo me detengo en la terminal de San Diego para que me lustren los zapatos. Melvin, el que lo hace, se ha hecho amigo mío. Cada vez que hablamos, trato de traer a colación dos cosas: Le pregunto sobre el equipo de las ligas menores que él entrena, porque ese es el amor de su vida. Y luego le digo que él, y nadie más, es el mejor lustrabotas que he conocido.

Napoleón Bonaparte, un líder de líderes, conocía a cada oficial de su ejército por su nombre. Le gustaba ir por todo el campamento, encontrarse con un oficial, saludarle por su nombre, y hablar sobre alguna batalla o maniobra que el oficial conocía y en la que había tenido participación. Nunca desperdició una oportunidad para preguntar sobre el pueblo natal de un soldado, su esposa y familia; todos se sorprendían de ver cuánta información personal detallada sobre cada uno, podía almacenar en su memoria el emperador.

Puesto que cada oficial sentía el interés personal de Napoleón en él, demostrado por su conversación y preguntas, es fácil de entender la devoción que todos sentían por él.

SUPOSICIÓN: TODOS NECESITAN Y RESPONDEN AL ESTÍMULO

Durante veintitrés años he tenido la responsabilidad de capacitar gente. No he encontrado a una persona que no trabaje mejor y no haga su mayor esfuerzo bajo un espíritu de aprobación que bajo un espíritu de crítica. El estímulo es el oxígeno del alma.

Los investigadores están encontrando nuevas evidencias que apoyan la vieja verdad de que el estímulo hace brotar lo mejor de las personas. En un experimento, se dio a diez adultos diez crucigramas para resolver. Todos eran exactamente los mismos. Trabajaron en ellos y luego los voltearon para leer los resultados que estaban al final. Sin embargo, los resultados eran ficticios. A la mitad se les dijo que lo habían hecho bien, sacando siete respuestas correctas de diez. A la otra mitad se les dijo que lo habían hecho mal, sacando siete respuestas equivocadas de diez. Luego se les dio otros diez crucigramas. Una vez más, los crucigramas fueron iguales para cada uno. La mitad a la que le habían dicho que había hecho bien el primer crucigrama, lo hizo mejor el segundo. La otra mitad lo hizo peor.[1] La crítica, aunque fue una crítica falsa, los arruinó.

Viktor Frankl dijo:

> Si usted lleva a la gente a una visión de sí misma, que la eleve sobre el promedio, la ayuda a llegar a lo que es capaz de llegar a ser. Usted sabe que si tomamos a las personas como son, las hacemos peor. Si las tomamos como deben ser, les ayudamos a llegar a ser lo que pueden ser… Si usted dice que es idealismo sobrevalorar a una persona, debo decirle que el idealismo es el verdadero realismo, porque usted ayuda a la gente a realizarse a sí misma.[2]

Tómese un momento y conecte la definición de liderazgo (influencia) con la responsabilidad del liderazgo (capacitación de la gente). ¿Cómo influimos en otros para motivarlos verdaderamente y capacitarlos? Lo hacemos por medio del estímulo y la fe en ellos. Las personas tienden a ser lo que la gente más importante en sus vidas piensa que llegarán a ser. Yo trato de dar ejemplo y luego animar a mi personal a decir algo que levante el ánimo de los demás en los primeros sesenta segundos de una conversación. Eso pone la nota positiva para todo lo demás.

> La gente tiende a ser lo que las personas más importantes en su vida piensan que llegará a ser.

Al describir lo que hace a un gran administrador de un equipo de béisbol, Reggie Jackson dijo que un gran administrador tiene una destreza especial para hacer que los jugadores de béisbol piensen que son mejores de lo que realmente son. Le obliga a tener una buena opinión de usted mismo. Le hace saber que cree en usted. Le hace sacar más de usted mismo. Y una vez que usted aprende cuán bueno es en verdad, usted nunca se decide a jugar en un nivel inferior al de su potencial.

Henry Ford dijo: «Mi mejor amigo es el que consigue que rinda lo mejor de mí». ¡Cuánta verdad! Todo líder quiere sacar lo mejor que hay en su gente. Y todo líder de éxito sabe que el estímulo es la mejor manera de lograrlo.

SUPOSICIÓN: LA GENTE APOYA AL LÍDER ANTES DE APOYAR SU LIDERAZGO

Con frecuencia esperamos que la gente sea leal a la *posición* de un líder antes de serlo a la *persona* que ocupa esa posición. Pero la gente no se motiva por las estructuras organizacionales, la gente responde a la gente. Lo primero que un líder debe declarar no es la autoridad basada en los derechos, sino la autoridad basada en las relaciones. A la gente no le importa cuánto sabe usted, mientras no sabe cuánto le importa la gente a usted. Usted tiene que dar lealtad antes de recibir lealtad. Si la gente no cree en su líder, cualquier cosa le impedirá seguirle. Si la gente cree en su líder, nada le detendrá.

Muchos pensamos en Cristóbal Colón como un gran descubridor, pero fue también un gran líder y un gran vendedor. Antes de iniciar el viaje de descubrimiento que cambió el mundo, tuvo que ver en su mente, ya realizado, lo que para sus contemporáneos era solamente una idea ridícula. ¡Y esa no fue una venta de «una sola llamada telefónica»! Considere las condiciones y circunstancias que se levantaron contra él.

> A la gente no le importa cuánto sabe usted, mientras no sabe cuánto le importa la gente a usted.

Primero, no había, absolutamente ningún mercado para vender la idea de un viaje trasatlántico. Y cientos de años de tradición y superstición, prácticamente garantizaban que nunca habría mercado para eso.

Segundo, aunque Colón había hecho viajes marítimos como pasajero, nunca había sido capitán de un barco.

Tercero, Colón era un extranjero (un italiano) que vivió en Portugal y luego en España.

Cuarto, Colón no tenía suficiente dinero para financiar tal aventura. En realidad, quien podía financiar legalmente ese viaje del descubrimiento era un jefe de estado: un rey o una reina. Así que la lista de candidatos para tal financiamiento era más bien corta.

Quinto, su precio no era barato. Además de necesitar barcos y ayuda, Colón tenía una larga lista de demandas personales, incluyendo: a) un 10% de comisión en todo el comercio entre los pueblos a descubrirse y la madre patria; b) un título: Almirante del Océano; c) la posición permanente de gobernador de todos los territorios nuevos; y d) todos los honores y derechos para legar a sus herederos.

¡Colón hizo el viaje de acuerdo con las condiciones por él estipuladas! Los vendedores actuales podrían aprender mucho de las técnicas de venta de Colón. Fue impulsado por una sola pasión: creía de todo corazón que podía llegar a Asia cruzando el Atlántico. Aunque se equivocó al creerlo, esa creencia le dio la fuerza, la convicción y la confianza para convencer a otros. Y nunca dejó de vender su idea.

¡No le importó pedir una y otra vez! Pasó siete años pidiendo al rey Juan de Portugal que financiara el viaje. Luego fue a España e hizo gestiones ante Fernando e Isabel durante siete años antes de conseguir el Sí.

Colón tuvo que ver primero su idea realizada en su mente, antes de hacerse a la mar. Cualquier líder de éxito sabe esta verdad. La gente debe apoyarlo a usted antes de apoyar los sueños de usted. El elevado estado de ánimo de una organización viene de tener fe en la persona que está a la cabeza.

Suposición: La mayoría de las personas no sabe cómo tener éxito

La mayoría de las personas cree que el éxito es suerte, y no cesa de tratar de ganarse la lotería del siglo. Pero el éxito es en realidad el resultado de la planeación. Se da cuando se juntan la oportunidad y la preparación.

La mayoría de las personas cree que el éxito es instantáneo. Lo visualiza como un momento, un acontecimiento o un lugar. No es así. El éxito es en verdad un proceso. Es crecimiento y desarrollo. Es alcanzar una cosa y utilizarla como un escalón para alcanzar otra. Es un viaje.

> El fracaso es la oportunidad de comenzar de nuevo más inteligentemente.

La mayoría de las personas cree que el éxito es aprender cómo no fallar nunca. Pero eso no es verdad. El éxito es aprender del fracaso. El fracaso es la oportunidad de comenzar de nuevo más inteligentemente. El fracaso solamente es fracaso verdadero cuando no aprendemos de él.

Una vez que las personas se dan cuenta de que usted, como líder, puede ayudarlas a tener éxito, ¡son suyas! Alguien dijo: «El éxito es parental. Una vez que lo tiene, todos los parientes vienen». Eso es también aplicable a una organización. Una vez que el líder ha demostrado tener éxito y ha manifestado interés en ayudar a otros a alcanzar el éxito, ese líder tendrá seguidores leales que querrán desarrollarse y crecer.

Suposición: La mayoría de las personas tiene una motivación natural

Observe a un niño de un año queriendo explorar y descubrir lo que hay en la casa. Eso es motivación natural. He observado que muchas personas se conducen con deseo de participar, pero a menudo pierden la motivación y necesitan ser motivadas.

Los niños quieren ir a la escuela. Cuando tienen tres o cuatro años «juegan» a la escuela. Están ansiosos por ir a ella. Comienzan el primer grado con «loncheras» brillantes y un alto grado de motivación. Sin embargo, cuando ya están en la escuela por dos o tres años, algunos la odian. Dan excusas para no ir, quejándose: «Me duele la panza». ¿Qué pasó? La escuela, en realidad, desmotivó el alto grado original de entusiasmo y emoción.

El verdadero secreto de la motivación es crear un ambiente en el que la gente esté libre de las influencias que desmotivan.

¿Qué motiva a la gente?

Hacer contribuciones significativas. La gente quiere unirse a un grupo o persigue una causa que tenga un efecto permanente. Necesita ver que lo que hace no constituye un esfuerzo desperdiciado, sino que es una contribución. La gente necesita ver el valor de lo que hace. La motivación no viene de la actividad sola, sino del deseo de llegar al resultado final.

Participar en la meta. Las personas apoyan lo que creen. Ser parte del proceso de fijar una meta les motiva y les permite sentirse necesarias. Les gusta sentir que son importantes. Cuando aportan información, cobran interés en el asunto. Se apropian de él y lo apoyan. Ver que las metas se hacen realidad y dar forma al futuro es altamente satisfactorio. La participación en la meta crea un espíritu de cuerpo, mejora el estado de ánimo y ayuda a todos a sentirse importantes.

Insatisfacción positiva. Alguien dijo que la *insatisfacción* es la definición en una sola palabra de *motivación*. La gente insatisfecha presenta un alto grado de motivación, porque ve la necesidad de un cambio inmediato. Sabe que algo está mal y a menudo sabe qué es lo que hay que hacer. La insatisfacción puede inspirar cambios o conducir a un espíritu de crítica. Puede conducirnos a la apatía o movernos a la acción. La clave es canalizar esta energía hacia un cambio efectivo.

Recibir reconocimiento. La gente no quiere pasar inadvertida. Quiere crédito por los logros personales y aprecio por sus contribuciones. Dar reconocimiento es otra manera de decir gracias. El logro personal es motivador, pero lo es mucho más cuando alguien nota ese logro y le da valor. El reconocimiento es una manera de dar significado a la existencia personal.

Tener expectativas claras. La gente se siente motivada cuando sabe qué debe hacer y tiene la seguridad de hacerlo bien. Nadie quiere meterse a una tarea vaga o a un trabajo cuya descripción es incierta. Surge motivación en un trabajo cuando las metas, expectativas y responsabilidades se entienden claramente. Cuando delegue responsabilidades, asegúrese de dar la autoridad necesaria para llevar a cabo la tarea. La gente cumple mejor cuando tiene control sobre su trabajo y su tiempo.

¿Qué desmotiva a la gente?

Ciertos patrones de conducta pueden desmotivar. A veces actuamos de cierta manera sin darnos cuenta de la influencia negativa que produce en otros. He aquí algunos consejos para evitar ese tipo de conducta.

No empequeñezca a nadie. La crítica pública y las conversaciones hirientes aun en broma pueden herir. Debemos estar alertas y ser sensibles. Llevado al extremo, el empequeñecer puede destruir la autoestima y la confianza en uno mismo. Si tiene que criticar, recuerde que se necesitan nueve comentarios positivos para balancear una corrección negativa.

No manipule a nadie. A nadie le gusta sentirse manejado o usado. La manipulación, no importa cuán ligera sea, derriba las paredes de confianza en una relación. Ganamos más siendo honestos y transparentes que siendo astutos y mañosos. Edifique a las personas a través de la afirmación y el estímulo y serán motivadas y leales. Recuerde, dé y le será dado.

No sea insensible. Haga de las personas su prioridad. Las personas son nuestro más grande recurso; por eso, emplee tiempo en conocerlas y preocuparse por ellas. Esto significa responder a una conversación, nunca estar preocupado por uno mismo, ni estar de prisa. Deje de hablar tanto y desarrolle el arte de escuchar. Deje de pensar en qué es lo que tiene que decir después, y escuche, no solamente lo que dicen sino lo que sienten. Su interés, aun en asuntos insignificantes demostrará su sensibilidad.

No desaliente el crecimiento personal. El crecimiento es algo motivador, por lo tanto estimule a su personal para que crezca. Déles oportunidades para ensayar cosas nuevas y adquirir habilidades nuevas. No debemos sentirnos amenazados por los logros de otros, sino más bien ser muy positivos para apoyar sus triunfos. Deje que su personal triunfe y falle. Implemente el método del espíritu de equipo que dice: «Si usted crece, todos nos beneficiamos».

LOS CAPACITADORES EXITOSOS HACEN LAS PREGUNTAS CORRECTAS SOBRE LA GENTE

Ahora, hemos terminado el estudio de cómo hacer que las suposiciones correctas sobre la gente sean nuestro primer principio a seguir como capacitadores exitosos. A continuación, necesitamos familiarizarnos con las preguntas correctas que debemos hacernos en relación con la gente. Son seis.

¿Estoy edificando a las personas o estoy edificando mis sueños y utilizando a las personas para eso?

Las personas son primero. Fred Smith dice que Federal Express, desde sus comienzos, ha puesto a las personas primero porque eso es lo correcto y también porque es buen negocio hacerlo así. «La filosofía de nuestra corporación declara sucintamente: Gente, Servicio, Utilidades».

Esta pregunta tiene que ver con los motivos del líder. Hay una pequeña pero muy importante diferencia entre manipulación y motivación:

Manipulación es movernos juntos para *mi* beneficio.

Motivación es movernos juntos para *mutuo* beneficio.

¿Me preocupo lo suficiente por confrontar a las personas cuando es necesario?

La confrontación es algo muy difícil para la mayoría de las personas. Si usted se siente inquieto sólo de leer la palabra *confrontar*, le sugeriría que la sustituyera por la palabra *clarificar*. Clarificar el asunto en vez de confrontar a la persona. Luego, siga estos diez mandamientos.

Los diez mandamientos de la confrontación

1. Hágalo en privado, no públicamente.

2. Hágalo tan pronto como sea posible. Eso es más natural que esperar mucho.

3. Hable de un solo asunto en cada ocasión. No sobrecargue a la persona con una lista de asuntos.

4. Una vez que haya tocado un punto, no lo repita.

5. Trate únicamente acciones que la persona puede cambiar. Si usted pide que la persona haga algo que no puede hacer, aparece la frustración en su relación.

6. Evite el sarcasmo. El sarcasmo indica que usted está enojado con ellas, no con sus acciones, y eso les causará resentimiento hacia usted.

7. Evite palabras como *siempre* y *nunca*. Por lo general, caen fuera de lo exacto y ponen a las personas a la defensiva.

8. Presente la crítica como sugerencias o preguntas si es posible.

9. No se disculpe por la confrontación. Si lo hace se detracta de ella y da muestras de no estar seguro de que usted tenía derecho de decir lo que dijo.

10. Y no olvide los cumplidos. Use lo que llamo un «sándwich» en este tipo de reuniones: Cumplido – Confrontación – Cumplido.

¿ESCUCHO A LAS PERSONAS CON ALGO MÁS QUE MIS OÍDOS? ¿OIGO MÁS QUE PALABRAS?

La siguiente prueba es una que me ha parecido útil y se la he dado a mi propio personal.

¿Soy un buen oyente?

Califíquese con cuatro puntos si la respuesta a las siguientes preguntas es *Siempre*; tres puntos para *Generalmente*; dos para *Rara vez* y una para *Nunca*.

___ ¿Permito al interlocutor terminar sin interrumpirlo?

___ ¿Escucho «entre líneas», es decir por el subtexto?

___ Cuando escribo un mensaje, ¿escucho y escribo los hechos y las frases clave?

___ ¿Repito lo que la persona dijo para aclarar el significado?

___ ¿Evito ser hostil o mostrarme alterado cuando no estoy de acuerdo con el que habla?

___ ¿Evito las distracciones cuando escucho?

___ ¿Hago un esfuerzo para mostrarme interesado en lo que la otra persona dice?

Calificación:

26 o más: Usted es un excelente oyente.

22-25: Mejor que el promedio.

18-21: Hay que mejorar.

17 o menos: Salga de ahí inmediatamente y practique el escuchar.[3]

David Burns, médico y catedrático de psiquiatría de la Universidad de Pensilvania, dice: «La equivocación más grande que usted puede hacer al tratar de hablar convincentemente es poner su más alta prioridad en expresar las ideas y sentimientos propios. Lo que la mayoría de las personas en realidad quieren es ser escuchadas, respetadas y entendidas. El momento en que la gente ve que es entendida, se motiva más para entender el punto de vista de usted».

¿CUÁLES SON LOS PRINCIPALES PUNTOS FUERTES DE UN INDIVIDUO?

Cualquiera que deba desempeñar continuamente un trabajo en el que intervengan las áreas personales débiles en vez de las fuertes, no se mantendrá motivado. Si al individuo se le releva de las tareas asignadas en sus áreas débiles, y a cambio se le reasigna un trabajo dentro de las áreas fuertes, verá un dramático aumento en la motivación natural.

¿HE PUESTO UNA ALTA PRIORIDAD EN EL TRABAJO?

Las personas tienden a permanecer motivadas cuando ven la importancia de las cosas que les han pedido hacer. Las cinco palabras más estimulantes en una organización son: «Esto es algo muy importante». Las cinco palabras más desalentadoras en una organización son: «Esto no es de importancia».

Todavía recuerdo el día en que Linda fue contratada para supervisar el sistema de computación de nuestras oficinas. Vino a mi oficina para una reunión inicial. Mi propósito era darle una visión general que la ayudara a ver que su trabajo era más que computadoras. Le expresé que hacer su trabajo con excelencia estimularía a cada uno para trabajar mejor. Todavía puedo ver humedecerse sus ojos cuando se dio cuenta de que su trabajo contribuiría positivamente al éxito de todos.

¿HE MOSTRADO EL VALOR QUE LA PERSONA RECIBIRÁ DE ESTAS RELACIONES?

Las personas tienden a permanecer motivadas cuando ven el valor que tiene para ellas las cosas que les han pedido hacer. Sucede que cuando oímos un anuncio, vemos un comercial o se nos pide contraer un compromiso, una vocecita en nuestro interior nos pregunta: «¿Qué saco con eso?» La razón por la que la persona esquiva la reunión que usted planeó con tanto trabajo es sencilla: no ha visto el valor (los beneficios y recompensas) que recibirá por estar allí.

Piense sobre una importante relación que tenga con un subordinado o tal vez con su jefe. En el lado izquierdo de una página, escriba una lista de todas las contribuciones que usted hace a esta relación, es decir, lo que usted da. Con un subordinado, esta lista podría incluir pago, seguridad de empleo, tiempo y desarrollo personal. Titule esta lista «Lo que doy».

En el lado derecho de la página, escriba una segunda lista titulada «Lo que recibo». Escriba todos los beneficios que recibe. Luego siéntese y compare las dos listas. No cuente el número de asuntos en cada una. (Algunas cosas son más importantes que otras y probablemente dejó algunas cosas fuera de ambas listas.) En vez de eso, conteste a esta simple pregunta: *Considerando todo lo que doy a la relación y lo que estoy obteniendo de ella, ¿quién está obteniendo el mayor beneficio?* Escoja su respuesta de las siguientes tres opciones:

1. **Yo obtengo lo mejor.** Esto puede producir complacencia e ingratitud.

2. **La otra persona obtiene lo mejor.** Esto puede producir resentimiento.

3. **Estamos obteniendo beneficios mutuos.** Esto, por lo general, produce respeto mutuo y motivación.

Analice su respuesta considerando los tres axiomas del Factor de Equidad (se encuentran en el libro de Huseman y Hatfield, *Managing the Equity Factor*):

1. Las personas evalúan las relaciones comparando lo que dan a una relación con lo que obtienen de ella.

2. Cuando lo que la gente da no es igual a lo que la gente recibe, experimenta una zozobra.

3. La gente que experimenta una zozobra porque da más de lo que recibe, quiere que haya equidad. Esto llega a ser algo negativo. ¿Se compromete aquí?[4]

LOS BUENOS CAPACITADORES DAN LA DEBIDA AYUDA A LAS PERSONAS

Necesito desarrollar sus puntos fuertes y trabajar en sus áreas débiles. La pregunta que un líder debe continuamente hacer no es «¿Cuánto trabaja esta persona?» (¿Es él o ella fiel?), sino «¿Cuánto logra esta persona?» (¿Es él o ella fructífero?).

Algunas de las personas más capaces de una organización nunca utilizan toda su potencialidad. Están encerradas en lo que la administración considera trabajos importantes, y lo hacen bien. Pero nunca tienen la oportunidad de hacer lo que pueden hacer mejor. Cuando sucede esto, todo el mundo pierde. La persona pierde por falta de oportunidad y falta de satisfacción en el trabajo; la organización pierde, porque desperdicia algunos de sus activos más valiosos. Toda la empresa trabaja en grado inferior a su capacidad.

Debo darme a mí mismo. Usted puede *impresionar* a la gente a distancia, pero sólo puede *impactarla* de cerca.

- Haga una lista de todas las personas con las que pasó treinta minutos esta semana.
- ¿Fue iniciativa suya o de ellos?
- ¿Tenía una agenda antes de la reunión?
- ¿La reunión tuvo como propósito relación, consejería, comunicación o desarrollo?
- ¿Fue una reunión para beneficio de ambas partes?
- ¿Fue con el 20% que más influye en la organización o con el restante 80%?

Ame a todos, pero entréguese al 20% que está en el nivel superior de la organización. Anime a todos, guíe a pocos. Sea transparente con ellos. Desarrolle un plan para su crecimiento. Sean un equipo.

Debo darles título de propiedad. Como Sidney J. Harris cree:

Las personas quieren ser apreciadas, no impresionadas.
Quieren ser consideradas como seres humanos,
no como cajas de resonancia para emitir los egos de otras personas.
Quieren ser tratadas como fines en sí mismas,
no como medios para la gratificación de la vanidad de otros.

Debo darles todas las oportunidades para tener éxito. Mi responsabilidad como líder es brindar ayuda a los que trabajan conmigo dándoles:

- Una excelente atmósfera de trabajo. Debe ser positiva, cálida, abierta, creativa y estimulante.
- Las herramientas adecuadas para trabajar. No emplee a personas excelentes, para hacer un trabajo excelente dándoles herramientas ordinarias.
- Un programa de capacitación continua. Empleados que mejoran originan compañías que mejoran.
- Excelentes personas para quienes trabajar. Forme un equipo. Reunirse es el comienzo. Trabajar juntos es el éxito.
- Una visión que impulse a trabajar. Permita que su gente trabaje por algo de mayor magnitud que ella misma.

Los grandes líderes siempre dan a su gente una ventaja inicial sobre la que da el líder promedio. Los líderes excelentes añaden valor a su gente y le ayudan a ser mejor de lo que sería si trabajara sola. La primera pregunta que un líder debe responder es: «¿Cómo puedo ayudar a los que están a mi alrededor a tener más éxito?» Cuando se encuentra la respuesta y se implementa, ¡todos ganan!

PRINCIPIOS PARA EL DESARROLLO DE LA GENTE

EL DESARROLLO DE LA GENTE TOMA TIEMPO

En un tiempo, Andrew Carnegie fue el hombre más rico de Estados Unidos. Vino a América de su nativa Escocia cuando era niño, desempeñó una variedad de trabajos ocasionales y con el tiempo llegó a ser el fabricante de acero más grande de Estados Unidos. Llegó a tener a cuarenta y tres millonarios trabajando para él. En aquellos tiempos un millonario era algo raro; hablando en términos conservadores, un millón de dólares de entonces equivalía por lo menos a veinte millones de dólares de ahora.

Un periodista preguntó a Carnegie cómo empleó a cuarenta y tres millonarios. Carnegie respondió que esos hombres no eran millonarios cuando comenzaron a trabajar con él, pero se hicieron millonarios con el tiempo.

El periodista le preguntó entonces cómo había preparado a estos hombres para llegar a ser tan valiosos al grado de pagarles tanto dinero.

Carnegie replicó que los hombres son preparados de la misma manera que el oro. Cuando se extrae el oro, varias toneladas de tierra tienen que quitarse para lograr una onza de oro, pero uno no entra en la mina buscando tierra. Uno entra buscando oro.

Robert Half dijo: «Hay algo que es mucho más escaso, mucho más raro que la habilidad. Es la habilidad para reconocer la habilidad». Hay todavía otro paso que debe darse un poco más allá de la habilidad para descubrir el oro que está en la mina del líder. Esto también se debe desarrollar. Es mejor capacitar a diez personas para trabajar que hacer el trabajo de diez personas, pero lo primero es más difícil. «El hombre que lo hace solo puede comenzar el día. Pero el que viaja con otro debe esperar hasta que el otro esté listo».[5]

La habilidad para tratar a las personas es esencial para el éxito

Las compañías a las que les va bien tienen líderes que se llevan bien con la gente. Dave E. Smalley registra en su libro *Floorcraft*, que Andrew Carnegie pagó una vez a Charles Schwab un salario de un millón de dólares al año, simplemente porque Schwab se llevaba bien con la gente. Carnegie tenía hombres que entendían el trabajo mejor y eran más aptos para ejecutarlo debido a la experiencia y a la capacitación, pero carecían de la cualidad esencial de conseguir que otros les ayudaran, de lograr lo mejor de los trabajadores.

Cuando se preguntó a la mayoría de los altos ejecutivos de las principales compañías, cuál es la característica más necesaria para los que están en posiciones de liderazgo, respondieron: «La habilidad de trabajar con la gente».

Teddy Roosevelt dijo: «El ingrediente más importante en la fórmula del éxito es saber cómo tratar a la gente».

John Rockefeller, que creó corporaciones gigantes, manifestó que pagaría más por la habilidad de trabajar con las personas que por cualquier otra habilidad bajo el sol.

El Centro de Liderazgo Creativo en Greensboro, Carolina del Norte, estudió a 105 ejecutivos de éxito y descubrió lo siguiente:

- Admitían sus equivocaciones y aceptaban las consecuencias, antes que tratar de culpar a otros.
- Podían tratar con una gran variedad de personas.
- Tenían buenas habilidades interpersonales, sensibilidad hacia otros y tacto.
- Eran calmados y seguros, más que taciturnos y volátiles.

Los ejecutivos sin éxito eran duros, abusivos, sarcásticos, distantes e impredecibles. Su peor falta era ser insensibles hacia otros.

La falta de habilidad para tratar a la gente puede resultar en la clase de situación que el ex entrenador de los Denver Bronco, John Ralston, vivió cuando salió del equipo. «Salí por enfermedad y cansancio, los admiradores estaban enfermos y cansados de mí».

SEA UN EJEMPLO QUE OTROS PUEDAN IMITAR

El principio motivador número uno en el mundo es: *La gente hace lo que la gente ve*. La velocidad del líder determina la velocidad de los seguidores. Y los seguidores nunca irán más lejos que su líder. Por años he seguido y he enseñado este proceso para preparar a otros:

ACCIÓN	RESULTADO
Yo lo hago:	Doy el ejemplo.
Yo lo hago y usted lo hace conmigo:	Guío.
Usted lo hace y yo estoy con usted:	Superviso.
Usted lo hace:	Usted progresa.
Usted lo hace y alguien está con usted:	Nos multiplicamos.

La gente cambia de opinión más por la observación que por los argumentos.

Benjamín Franklin descubrió que el yeso regado en los campos hacía crecer las plantas. Les dijo a sus vecinos pero ellos no le creyeron. Discutieron con él, tratando de probar que el yeso no podía ser de ninguna utilidad para la hierba o los granos. Después de un momento dejó que el asunto terminara y no dijo ni una sola palabra más.

Al comienzo de la siguiente primavera, Franklin fue al campo y sembró granos. Cerca del camino por donde pasaba la gente, trazó algunas letras con su dedo, puso yeso en ellas y luego sembró semillas en el yeso. Después de una semana o dos, las semillas brotaron.

Cuando los vecinos pasaron se sorprendieron al ver, en un verde más intenso que el resto del campo, grandes letras que decían: «Aquí se ha puesto yeso». Benjamín Franklin jamás necesitó discutir otra vez con sus vecinos sobre los beneficios del yeso para los campos.

DIRIJA A OTROS MIRANDO A TRAVÉS DE LOS OJOS DE ELLOS

Henry Wadsworth Longfellow dijo: «Nos juzgamos por lo que somos capaces de hacer; mientras otros nos juzgan por lo que ya hemos hecho».

Cualquier líder que tiene éxito al tratar con la gente se da cuenta de que cada uno tiene su propia agenda y percepción de cómo son las cosas. Hace algún tiempo aprendí que la gente piensa que:

> sus problemas son los más grandes,
> sus hijos son los más inteligentes,
> sus chistes son los más divertidos, y
> sus fallas deben pasarse por alto.

Una sorprendente historia ilustra hermosamente cómo cada uno de nosotros ve la vida.

Después de la Segunda Guerra Mundial, un general y su joven lugarteniente abordaron un tren en Inglaterra. Los únicos asientos disponibles estaban frente a una hermosa joven y su abuela. El general y el lugarteniente, por lo tanto, se sentaron frente a ellas. Cuando el tren partió tuvo que pasar por un largo túnel. Hubo diez segundos de total oscuridad. En el silencio de ese momento, los que estaban en el tren oyeron dos cosas: un beso y una bofetada. Cada uno de los pasajeros tenía su propia percepción de lo que había pasado.

La hermosa joven pensó: «Estoy encantada de que el lugarteniente me besara, ¡pero me siento terriblemente abochornada porque la abuela le pegó!»

La abuela pensó: «Estoy ofendida porque el joven besó a mi nieta, ¡pero me siento orgullosa que haya tenido el valor de castigarlo!»

El general pensó: «El lugarteniente mostró muchas agallas al besar a esa chica, pero ¿por qué ella me dio una bofetada a mí?»

El lugarteniente era el único en el tren que sabía realmente lo que había sucedido. En ese breve momento de oscuridad tuvo la oportunidad de besar a una hermosa muchacha y al mismo tiempo abofetear a su general.[6]

Estas preguntas le ayudarán a descubrir la agenda de la otra persona en una variedad de situaciones:

- Pregunta de conocimiento: ¿Cual es el historial de esta persona en esta organización u otra?
- Pregunta de carácter: ¿Cuál es el carácter primario y el secundario de esta persona?
- Pregunta de seguridad: ¿Está esto, de alguna manera, afectando el trabajo del individuo?
- Pregunta de relación: ¿Cómo se relaciona él o ella conmigo o con alguien más, en la organización?
- Pregunta de motivo: ¿Cuál es la verdadera razón por la que esto está en su agenda?
- Pregunta sobre potencial: ¿Esta persona o este asunto ameritan el tiempo y la energía del líder?

He descubierto que la preparación de las personas tiene más éxito cuando yo:

les escucho lo suficientemente bien para dirigir a través de sus ojos;

me relaciono lo suficientemente bien para comunicarme
con sus corazones;

trabajo lo suficientemente bien para poner herramientas en
sus manos;

pienso lo suficientemente bien para lanzarles retos y expandir sus mentes.

LOS LÍDERES DEBEN MOSTRAR PREOCUPACIÓN POR LAS PERSONAS ANTES DE PODER PROMOVER SU DESARROLLO

Muy a menudo veo líderes que piden el compromiso de las personas sin mostrar hacia ellas preocupación adecuada. Son como Narváez, el patriota español a quien, cuando estaba agonizando, su padre confesor le preguntó si había perdonado a todos sus enemigos.

Narváez le miró sorprendido y le dijo: «Padre, no tengo enemigos. Los maté a todos».

Narváez no sabía que las personas amables logran los mejores resultados de sus subordinados. Teleometrics International estudió la percepción que los ejecutivos exitosos tenían de la gente en sus organizaciones, comparados con los ejecutivos de bajo rendimiento. Los resultados se publicaron en el *Wall Street Journal*.

De los dieciséis mil ejecutivos estudiados, el 13% identificado como triunfadores, se preocupaba tanto de la gente como de las utilidades. Los ejecutivos promedio se concentraban en la producción, mientras que los ejecutivos de bajo rendimiento se preocupaban por su propia seguridad. Los triunfadores veían a sus subordinados optimistamente, mientras que los de bajo rendimiento mostraban una desconfianza básica en la capacidad de sus subordinados. Los triunfadores buscaban el consejo de sus subordinados; los de bajo rendimiento, no. Los triunfadores eran buenos oyentes; los moderados escuchaban solamente a los superiores; los de bajo rendimiento evitaban la comunicación y dependían de los manuales de políticas y procedimientos.

LOS PROMOTORES DE DESARROLLO HUMANO BUSCAN OPORTUNIDADES PARA CONSTRUIR A LAS PERSONAS

La mayoría de las personas en posiciones de liderazgo diariamente roban el alimento del ego de alguien: la satisfacción de su necesidad de estima. En realidad, lo roban y ni siquiera lo saben. Por ejemplo alguien dice: «He tenido un día verdaderamente ocupado», y el líder replica: «¡Usted dice que ha estado ocupado! Debería ver todo el trabajo que está amontonado en mi escritorio y no puedo salir de él». O alguien dice: «Finalmente terminé ese proyecto en el que he trabajado por ocho meses», y el líder replica: «Muy bien, Jim también ha terminado ese gran proyecto en el que ha estado trabajando».

¿Qué está haciendo el líder? Está quitando el alimento que las personas necesitan para su ego. En efecto, está diciendo: «Usted piensa que es muy bueno, pero déjeme decirle que hay otro que es posiblemente mejor».

Sólo por pasatiempo, obsérvese mañana y vea cuántas veces se encuentra satisfaciendo su propia necesidad de estima, al robar el alimento del ego de otra persona.

J. C. Staehle, luego de analizar muchas encuestas, descubrió que la causa principal de cansancio entre los trabajadores son ciertas acciones que los buenos líderes pueden evitar. Las enumero en orden de importancia:

1. No dar crédito por las sugerencias

2. No corregir los motivos de queja

3. No estimular

4. Criticar a los empleados frente a otras personas

5. No pedir a los empleados sus opiniones

6. No informar a los empleados sobre su progreso

7. Favoritismo

Nota: Cada punto es un ejemplo de cómo el líder roba o priva del alimento del ego a los trabajadores.

El potencial más grande para el crecimiento de una compañía es el crecimiento de su gente

En una encuesta de trabajadores en todos Estados Unidos, cerca del 85% dijeron que podrían trabajar mucho más. Más de la mitad dijeron que podrían duplicar su efectividad «si quisieran».[7]

La gente es el activo principal de cualquier compañía, si fabrica cosas para vender, vende cosas hechas por otras personas o provee servicios intangibles. Nada se mueve hasta que la gente pueda hacer que se mueva. Según estudios de liderazgo realizados en Estados Unidos, el promedio de ejecutivos pasa tres cuartos de su tiempo laboral tratando con *gente*. El costo más alto en la mayoría de negocios es la *gente*. El más grande y más valioso activo que tiene cualquier compañía es la *gente*. Los planes ejecutivos se llevan a cabo o no por la *gente*.

Según William J. H. Boetcker, la gente se divide a sí misma en cuatro clases:

1. Los que siempre hacen menos de lo que se les dice.

2. Los que hacen lo que se les dice, pero no más.

3. Los que hacen cosas sin que se les diga.

4. Los que inspiran a otros para hacer las cosas.

Usted decide.

Como dijo Ralph Waldo Emerson: «Confíe en los hombres y ellos serán sinceros con usted; trátelos de manera excelente y ellos serán así mismo excelentes».

Algunos de los mejores consejos que usted puede encontrar sobre el ser un buen líder, se hallan en el viejo poema chino:

> Vaya a la gente,
> viva entre ellos,
> aprenda de ellos,
> ámelos.
> Comience con lo que saben,
> edifique sobre lo que tengan.
> Pero de los mejores líderes,
> cuando su tarea sea cumplida,
> y su trabajo sea hecho,
> la gente comentará:
> «Lo hemos hecho nosotros mismos».

CUALIDAD INDISPENSABLE EN EL LIDERAZGO:

VISIÓN

Robert K. Greenleaf, en su libro *The Servant as Leader*, dice: «Previsión es la "dirección" que el líder tiene. Una vez que pierde esta dirección y los acontecimientos comienzan a forzar su mano, es líder solamente de nombre. No está dirigiendo; está reaccionando a los acontecimientos inmediatos y probablemente no continuará siendo un líder por mucho tiempo. Hay abundantes ejemplos diarios de pérdida de liderazgo debido a la no previsión de lo que razonablemente podía haber sido previsto, y a la falta de acción por la ausencia de este conocimiento en tanto el líder tiene libertad para actuar».[1]

He observado durante los últimos veinte años que todos los líderes efectivos tienen una visión de lo que deben realizar. Esa visión llega a ser la energía que hay detrás de cada esfuerzo y la fuerza que les empuja a través de todos los problemas. Con visión, el líder cumple una misión, la multitud se contagia de su espíritu y otros comienzan a levantarse también junto al líder. La unidad es esencial para que el sueño se realice. Muchas horas de trabajo se entregan gustosamente para alcanzar la meta. Los derechos individuales se hacen a un lado porque el todo es mucho más importante que la parte. El tiempo vuela, el estado de ánimo se remonta a las alturas, se cuentan historias heroicas, y el compromiso es la consigna. ¿Por qué? ¡Porque el líder tiene una visión!

Todo lo que se necesitará para extraer la emoción del párrafo precedente es una palabra: *visión*. Sin ella, la energía decae, no se cumplen los plazos, las agendas personales salen a la superficie, la producción disminuye, y la gente se dispersa.

Le preguntaron a Helen Keller: «¿Qué sería peor que nacer ciega?» Contestó: «Tener vista sin visión». Tristemente, muchas personas ocupan posiciones de liderazgo sin una visión para la organización que dirigen. Todos los grandes líderes poseen dos cosas: Saben adónde van y pueden persuadir a otros de que les sigan. Son como el letrero en el consultorio de un optometrista: «Si usted no ve lo que quiere, ha venido al lugar indicado». Este capítulo trata sobre la previsión del líder y la capacidad para reunir gente en torno a tal previsión.

La palabra *visión* ha sido tal vez mal usada en los últimos años. La primera meta de muchos talleres de gerencia es elaborar una declaración de propósitos para la organización. Otros le mirarán extrañamente si usted no puede recitar de memoria el propósito de su organización y elaborar una tarjeta con la declaración de propósitos impresa en ella.

¿Por qué toda esta presión para elaborar un propósito de la organización? Hay dos razones: Primero, la visión llega a ser el grito distintivo de por qué agruparse en una organización. Es una declaración clara, en un mercado competitivo, de que usted tiene un nicho importante entre todas las voces que claman por clientes. Es su verdadera razón de existir. Segundo, la visión llega a ser la verdadera herramienta de control que reemplaza al manual de mil páginas, el cual encajona y constriñe la iniciativa. En una era en que se requiere la descentralización para vivir, la visión es la clave para que toda persona conserve el enfoque.

AFIRMACIONES SOBRE LA VISIÓN

Lo que ve es lo que usted puede ser. Esto tiene que ver con su potencial. Me he preguntado a menudo: ¿la visión hace al líder? ¿O el líder hace la visión?

Yo creo que la visión viene primero. He conocido muchos líderes que han perdido la visión y, por eso, han perdido su poder para dirigir. La gente hace lo que la gente ve. Ese es el más grande principio motivador en el mundo. Stanford Research dice que el 89% de lo que aprendemos es por medio de la vista, el 10% por la audición, y el 1% a través de otros sentidos.

En otras palabras, la gente depende del estímulo visual para crecer. Empareje una visión con un líder que quiere implementar ese sueño y comenzará el movimiento. La gente no sigue al sueño en sí mismo. Sigue al líder que tiene ese sueño y tiene la capacidad para comunicarlo en forma efectiva. Por eso, la visión al comienzo dará un líder, pero para que esa visión crezca y demande un seguimiento, el líder debe tomar la responsabilidad por ella.

> Todos los grandes líderes poseen dos cosas: una, saben a donde van, y dos, pueden persuadir a otros para que les sigan.

CUATRO NIVELES DE VISIÓN DE LA GENTE

1. Algunas personas nunca la tienen. (Son vagabundos.)

2. Algunas personas la tienen pero nunca la siguen por su cuenta. (Son seguidores.)

3. Algunas personas la tienen y la siguen. (Son realizadores.)

4. Algunas personas la tienen, la siguen y ayudan a otros a tenerla. (Son líderes.)

Hubert H. Humphrey es un ejemplo de que «lo que usted ve es lo que usted puede ser». Durante un viaje a Washington. D.C. en 1935, escribió una carta a su esposa: «Querida, puedo ver cómo, algún día, si tú y yo nos decidimos a trabajar por cosas más grandes y mejores, podremos algún día vivir aquí, en Washington y probablemente estar en el gobierno, la política o el servicio… ¡Ojalá que mis sueños se hagan realidad! Voy a intentarlo».

USTED VE LO QUE ESTÁ PREPARADO PARA VER

Esto tiene que ver con la percepción. Konrad Adenauer tenía razón cuando dijo: «Todos vivimos bajo el mismo cielo, pero no todos tenemos el mismo horizonte».

El genio del automóvil, Henry Ford, una vez concibió un plano revolucionario para una nueva clase de motor. Lo conocemos ahora como el V-8. Ford estaba ansioso de poner esta nueva idea en producción. Puso a algunos hombres a dibujar los planos y los presentó a los ingenieros.

> Los líderes no pueden llevar a su gente más lejos de lo que ellos han llegado. Como sea el líder, será la gente.

Cuando los ingenieros examinaron los dibujos, uno a uno llegaron a la misma conclusión: Su visionario jefe no sabía mucho sobre los principios fundamentales de la ingeniería. Le dijeron con toda amabilidad que su sueño era imposible.

Ford dijo: «Fabríquenlo de cualquier manera».

Ellos contestaron: «Pero es imposible».

«Háganlo», ordenó Ford, «y trabajen hasta que lo logren, no importa cuánto tiempo se requiera».

Por seis meses lucharon dibujo tras dibujo, diseño tras diseño. Nada. Otros seis meses. Nada. Al fin del año, Ford se reunió con sus ingenieros, y una vez más le dijeron que lo que él quería era imposible. Ford les dijo que continuaran. Continuaron. Y descubrieron cómo construir un motor V-8.

Ford y sus ingenieros vivían bajo el mismo cielo, pero no tenían el mismo horizonte.

En *A Savior for All Seasons*, William Barker cuenta la historia de un obispo de la costa oriental que hace muchos años visitó a una pequeña universidad religiosa del medio oeste. Se alojó en casa del presidente de la universidad, que también fungía como catedrático de física y química. Después de la cena, el obispo dijo que el milenio no podía estar lejos porque todo sobre la naturaleza había sido descubierto y todos los inventos habían sido concebidos.

El joven presidente de la universidad le manifestó cortésmente su desacuerdo y le dijo que él creía que habría más descubrimientos. Cuando el obispo, enojado, retó al presidente para que nombrara siquiera uno de tales inventos, el presidente replicó que estaba seguro de que dentro de cincuenta años los hombres podrían volar.

«¡Absurdo!», barboteó el furioso obispo. «Sólo los ángeles fueron creados para volar».

El nombre del obispo era Wright, y tenía dos hijos que demostrarían tener una visión más amplia que la de su padre. Sus nombres eran Orville y Wilbur. El padre y sus hijos vivían bajo el mismo cielo, pero no tenían el mismo horizonte.

¿Cómo puede ser esto? ¿Por qué dos personas pueden estar en el mismo lugar al mismo tiempo, y las dos ver las cosas totalmente diferentes? Muy simple. Vemos lo que estamos preparados para ver, no lo que es. Todo líder exitoso entiende esto, en relación con la gente, y hace tres preguntas: ¿Qué ven los demás?, ¿por qué lo ven de esa manera? y ¿cómo puedo cambiar su percepción?

LO QUE USTED VE ES LO QUE USTED LOGRA

La siguiente ilustración está en el libro de Luis Palau *Dream Great Dreams* (Multnomah Press, 1984).

Piense en cuán agradable y refrescante es saborear una Coca-Cola helada. Cientos de millones de personas en todo el mundo han disfrutado de esta experiencia gracias a la visión de Robert Woodruff. Durante su período como presidente de la Coca-Cola (1923-

1955), Woodruff declaró enfáticamente: «Veremos que todo hombre uniformado consigue una botella de Coca-Cola por cinco centavos donde quiera que esté y cualquiera que sea el costo». Cuando terminó la Segunda Guerra Mundial, Woodruff declaró que antes de morir quería que toda persona en el mundo hubiera saboreado Coca-Cola. ¡Robert Woodruff era un hombre de visión!

> Los líderes no pueden llevar a su gente más lejos de lo que ellos han llegado. Como sea el líder, será la gente.

Con una planeación cuidadosa y con mucha persistencia, Woodruff y sus colegas llegaron a su generación de todo el mundo con Coca-Cola.

Cuando se inauguró Disney World, pidieron a la señora Disney tomar la palabra puesto que Walt había muerto. Fue presentada por un hombre que dijo: «Señora Disney, hubiera querido que Walt hubiera visto esto». Ella se levantó y dijo: «El lo vio», y se sentó. Walt Disney lo sabía. Robert Woodruff lo sabía. ¡Aun Flip Wilson lo sabía! Lo que usted ve es lo que usted logra.

En este punto me siento impelido a hacer una pregunta antes de que continuemos con el tema del apropiamiento personal de una visión: «Mi sueño, ¿va a causar impacto en el mundo en que vivo?»

> El don de Dios para mí es mi potencial. Mi don para Dios es lo que yo hago con ese potencial.

Bobb Biehl, en su libro *Increasing Your Leadership Confidence*, dice: «Recuerde la diferencia que hay entre la mentalidad de un ganador y la de un perdedor. Los ganadores enfocan su mente a ganar en grande, es decir, no solamente en cómo ganar, sino cómo ganar en grande. Los vendedores, sin embargo, no enfocan su mente a perder; ¡sencillamente la enfocan a conseguir algo!»[2]

Pregúntese siempre: «¿Supervivencia, éxito o significado?» ¿Está luchando simplemente por sobrevivir, está soñando con en el éxito, o en verdad quiere producir algo significativo?

Moishe Rosen enseña un ejercicio mental de una sola oración, que es una herramienta efectiva para soñar. Simplemente es:

Si yo tuviera_____.

Yo (haría tal cosa)_____.

Si usted tuviera todo lo que quisiera: tiempo ilimitado, dinero ilimitado, información ilimitada, personal ilimitado, todos los recursos que quisiera, ¿qué haría? Su respuesta a esa pregunta es su sueño. Hágalo valer.

Un día Lucy y Lino tenían una espoleta, el hueso del pollo que se usa para partirlo entre dos personas expresando un deseo, y eso es precisamente lo que iban a hacer. Lucy explicó a Lino que si él se quedaba con la parte más grande de la espoleta, se cumpliría su deseo. Lino dijo: «¿Puedo expresarlo en voz alta?» Lucy dijo: «Por supuesto, si no lo expresas en voz alta tu deseo no se cumplirá». Lucy siguió adelante y dijo: «Deseo cuatro suéteres nuevos, una bicicleta nueva, un nuevo par de patines, un vestido nuevo y cien dólares». Luego le tocó el turno a Lino. Él dijo: «Deseo una larga vida para todos mis amigos, deseo la paz del mundo, deseo nuevos descubrimientos en la investigación médica». En ese momento Lucy tomó la espoleta y la arrojó lejos. Dijo: «Lino, ese es el problema contigo. Siempre echas a perder todo».

APROPIARSE PERSONALMENTE DE UNA VISIÓN

Mi amigo Rick Warren dice: «Si quiere conocer la temperatura de su organización, ponga un termómetro en la boca del líder». Los líderes no pueden llevar a su gente más lejos de lo que ellos han llegado. Por eso, el foco de la visión debe recaer en el líder; como sea el líder, será la gente. Los seguidores encuentran al líder y luego encuentran la visión. Los líderes encuentran la visión y luego encuentran a la gente.

Me hacen muchas preguntas cuando doy conferencias sobre liderazgo en todo el país. Una de las más comunes, formulada por los que están en posición de liderazgo, es: «¿Cómo logro tener una visión para mi organización?» Esta pregunta es crucial. Hasta que no la conteste, una persona será líder solamente de nombre. Aunque yo no puedo darle a usted una visión, puedo explicarle el proceso de recibirla, tanto para usted como para los que le rodean.

MIRE DENTRO DE USTED: ¿QUÉ SIENTE?

Theodore Hesburgh dijo: «La verdadera esencia del liderazgo es que usted tenga una visión. Tiene que ser una visión de la que usted pueda hablar clara y vigorosamente en toda ocasión. No puede tocar una trompeta incierta». Una «trompeta incierta» es la que toca un individuo que carece de una visión o trata de dirigir con el sueño de otro. Los sonidos de una trompeta cierta vienen de un líder que ha dado a luz una visión desde adentro. Hay una gran diferencia entre una persona con visión y una persona visionaria.

- Una persona con visión habla poco pero hace mucho.
- Una persona visionaria hace poco pero habla mucho.
- Una persona con visión saca fuerzas de sus convicciones internas.
- Una persona visionaria saca fuerza de las condiciones externas.
- Una persona con visión continúa aun cuando surjan problemas.
- Una persona visionaria se detiene cuando el camino se torna difícil.

Muchas grandes personalidades inician su vida en los hogares más pobres y humildes, con poca educación y sin ninguna ventaja. Thomas Edison fue vendedor de periódicos en los trenes. Andrew Carnegie comenzó a trabajar ganando $4.00 al mes; John D. Rockefeller, $6.00 a la semana. Lo notable de Abraham Lincoln no fue que hubiera nacido en una cabaña, sino que logró salir de esa cabaña.

Demóstenes, el más grande orador del mundo antiguo, ¡tartamudeaba! La primera vez que trató de dar un discurso, las risas lo obligaron a dejar la tribuna. Julio César era epiléptico. Napoleón era de padres humildes y estaba muy lejos de haber nacido genio (ocupaba el cuadragésimo sexto lugar en su grupo de la Academia Militar, integrado por sesenta y cinco alumnos). Beethoven fue sordo, como lo fue Thomas Edison. Charles Dickens era cojo; también lo fue Handel. Homero era ciego; Platón era jorobado; Sir Walter Scott estaba paralizado.

¿Qué es lo que dio a estos grandes hombres la fuerza para sobreponerse a sus graves problemas y tener éxito? Cada uno tenía un sueño interior que encendía un fuego que no podía ser extinguido. Las grandes visiones comienzan siendo un «trabajo interno». Napoleón Hill dijo: «Acaricie sus visiones y sus sueños como si fueran los hijos de su alma, los proyectos de sus máximos logros».

Mire atrás: ¿Qué ha aprendido?

Una persona sin experiencia concibe a una visión de una manera idealista. Para ese individuo la visión sola es suficiente. Ingenuamente esta persona echa la visión sobre otros, esperando que el sueño haga el trabajo y no se da cuenta de que la visión necesita apoyo. Una persona con experiencia sabe que la gente apoya al líder *antes* de apoyar la visión. Los líderes experimentados se dan cuenta de que las personas son volubles y los sueños frágiles. La experiencia me ha enseñado estos principios sobre la visión:

- La credibilidad de una visión la determina el líder.
- La aceptación de una visión la determina el presentarla en el tiempo oportuno.
- El valor de una visión lo determinan la energía y la dirección que conlleva.
- La evaluación de una visión la determina el nivel de compromiso de la gente.
- El éxito de una visión lo determina el hecho de apropiarse de ella, tanto por parte del líder como de la gente.

Leonard Lauder, presidente de Estée Lauder dijo: «Cuando una persona con experiencia conoce a una persona con dinero, la persona con experiencia obtendrá el dinero. Y la persona con dinero obtendrá la experiencia».

Mire a su alrededor: ¿Qué les pasa a los demás?

Un muchacho asistió a su primer concierto de orquesta sinfónica. Estaba impresionado por el lujoso salón, la gente elegante y el sonido de una gran orquesta. De todos los instrumentos de la orquesta, su favorito fueron los platillos. El primer sonido dramático de esos discos de bronce le impresionó sin reserva. Notó que la mayor parte del tiempo, sin embargo, el percusionista no los tocaba, mientras los otros músicos sí tocaban. Sólo ocasionalmente, le pedían que hiciera su contribución, y aun entonces el tiempo de gloria era muy breve.

Después del concierto sus padres lo llevaron atrás del escenario para que conociera a algunos músicos. El pequeño buscó inmediatamente al que tocaba los platillos. «Dígame, señor», dijo sinceramente, «¿cuánto se necesita saber para tocar los platillos?»

El músico se rió y le respondió: «No tienes que saber mucho en realidad, solamente tienes que saber cuándo».

Una buena idea llega a ser grande cuando la gente está lista. El individuo que se impacienta con las personas desempeñará un liderazgo defectuoso. La evidencia de la fuerza no radica en correr hacia adelante, sino en adaptar su paso al paso más lento de los demás, siempre y cuando no pierda la dirección. Si corremos muy adelante, perderemos nuestro poder de ejercer influencia.

MIRE HACIA ADELANTE: ¿CUÁL ES EL CUADRO COMPLETO?

Este asunto a menudo separa a los líderes de los administradores. Los líderes se preocupan por los propósitos básicos de la organización: por qué existe y qué debería lograr. No se preocupan por el «cómo hacerlo» o por los aspectos prácticos de la operación.

MIRE HACIA ARRIBA: ¿QUÉ ESPERA DIOS DE USTED?

Richard E. Day dijo: «Toda época dorada en la historia de la humanidad procede de la devoción y de la pasión justa de algunos individuos. No hay movimientos en masa auténticos; solamente parece así. Siempre hay un hombre que conoce a Dios y sabe adónde va».

El don de Dios para mí es mi potencial. Mi don para Dios es lo que yo hago con ese potencial. Creo que los grandes líderes sienten un llamamiento «más alto», uno que les eleva por encima de sí mismos. Qué terrible desperdicio de vida, subir la escalera del éxito solamente para descubrir, cuando se llega arriba, que estaba apoyada contra el edificio equivocado. Las grandes visiones van más allá de las personas que las tienen. Mi definición de éxito es:

> conocer a Dios y sus deseos para mí;
> alcanzar mi máximo potencial; y
> sembrar semillas que beneficien a otros.

MIRE A SU LADO: ¿QUÉ RECURSOS TIENE DISPONIBLES?

Una visión tiene que ir más allá de la persona que la tiene. Realizarla debe ser el resultado de la aportación de recursos por parte de muchas personas. He leído en incontables ocasiones el discurso del presidente John F. Kennedy en el que lanza la visión de Estados Unidos alunizando durante la década de los 60. Ese sueño cautivó a la gente y los recursos del país, y se convirtió en realidad.

El líder experimentado siempre busca a otros para hacer su sueño realidad. Mi máxima prioridad en la visión de un templo de veinticinco millones de dólares para la congregación de la que soy pastor es desarrollar y encontrar ganadores que me ayuden a convertir en realidad esa visión. Continuamente evalúo el progreso de este proyecto, por el comptomiso que veo en la gente. A menudo los líderes vacilan en probar los niveles de compromiso de quienes les rodean. ¿Cuál es el resultado? Nunca están seguros dónde está asentado el proyecto o dónde está situada la gente. Recuerdo muy bien las conclusiones a las que llegué cuando terminamos nuestro primer esfuerzo por reunir fondos que ascendían a cuatro millones de dólares. Trabajamos mucho y sabía dónde estaba situada la gente.

El líder continuamente transmite la visión a los que le rodean, sabiendo que los sueños, si son debidamente presentados, son contagiosos.

En la película *Tucker: The Man and His Dream*, Abe, el esencial hombre de negocios y asediado tenedor de libros de Preston Tucker, que concibió un automóvil radicalmente nuevo, un carro de bajo costo con inyector de gasolina, motor trasero, frenos de disco, ventanas automáticas, cinturones de seguridad y diseño aerodinámico, captó el sueño de Tucker.

A pesar de una mal recordada advertencia de su madre, compró una parte del idealismo de Tucker.

Abe pensó que su madre dijo: «No te acerques mucho a la gente, atraparás sus sueños».

Años más tarde se dio cuenta que ella había dicho *gérmenes* no *sueños*.[3]

APROPIACIÓN CORPORATIVA DE UNA VISIÓN

Una visión es un cuadro claro de lo que el líder ve ser o hacer a su grupo. Según una encuesta publicada por la revista *Leadership*, comunicar una visión es uno de los aspectos más frustrantes del liderazgo en una organización.

Recientemente fui invitado a un programa de radio. El anfitrión vertió toda su frustración en mí, durante la pausa del programa. Dijo: «Tengo una visión para mi gente, pero me resulta difícil transferírsela». Un hecho es verdad: los líderes que comunican metas a sus seguidores en forma efectiva, logran más que los que no lo hacen.

Los líderes exitosos ven en tres niveles:

Nivel 1. Percepción: Ver lo que es ahora con los ojos de la realidad.

Nivel 2. Probabilidad: Ver lo que será con los ojos de discernimiento.

Nivel 3. Posibilidad: Ver lo que puede ser con los ojos de la visión.

Un *futurista* ve solamente en el nivel 3. Un *vaticinador* ve solamente en el nivel 2. Un *seguidor* ve solamente en el nivel 1. Un *líder* vive en el nivel 3, dirige en el nivel 2, y escucha en el nivel 1.

Por ejemplo, una organización fija la meta de cambiar su nombre. El buen líder, con los ojos de la visión, ya ve un nuevo nombre para la compañía (Nivel 3). El líder, con los ojos del discernimiento, ve la tendencia de la organización (Nivel 2). El líder sabe en que dirección va la compañía, viendo con los ojos de la realidad (Nivel 1).

Sorprendentemente, el lanzamiento de la visión no comienza en el nivel 3 (el cuadro completo). Comienza en el nivel 1 (el cuadro pequeño) y tendrá éxito si el líder puede influir en el nivel 2 (el próximo cuadro).

ENTENDER LO QUE ESTORBA LA VISIÓN: NIVEL 1

Vemos las cosas, no como son, sino como somos. Por eso, cuando se estorba una visión, por lo general este es un problema de gente. Hay diez tipos de personas que estorban la visión de la organización.

1. LÍDERES LIMITADOS

Todo se levanta o se viene abajo a causa del liderazgo. Esta afirmación es realmente cierta con el lanzamiento de la visión. Un líder limitado carece de la visión o de la habilidad para transmitirla con éxito.

El Primer Ministro de Francia dijo una vez: «Si usted hace grandes cosas atrae grandes hombres. Si usted hace cosas pequeñas atrae hombres pequeños. Los hombres pequeños, por lo general, causan problemas». Luego hizo una pausa, sacudió su cabeza tristemente y añadió: «Estamos teniendo muchos problemas».

2. PENSADORES CONCRETOS

George Bernard Shaw dijo: «Algunos hombres ven las cosas como estas son y dicen: ¿Por qué? (pensador concreto). Sueño en cosas que nunca fueron y digo: ¿Por qué no? (pensador creativo)».

Carlitos levanta las manos delante de su amiga Lucy y le dice: «Estas son manos que algún día pueden hacer grandes cosas. ¡Estas son manos que algún día pueden hacer obras maravillosas! ¡Podrían construir puentes resistentes, curar enfermos, hacer *home runs*, o escribir novelas románticas! ¡Estas son manos que algún día podrían cambiar el curso del destino!»

Lucy, que siempre ve las cosas como son, contesta: «Tienes gelatina en ellas».

3. HABLADORES DOGMÁTICOS

Muchas visiones no se cumplen por causa de personas fuertes, dogmáticas. Para estar absolutamente seguro de algo, uno debe saberlo todo o no saber nada. La mayor parte del tiempo el dogmático no sabe nada pero dice algo convencional. Por ejemplo: «Todo lo que puede ser inventado ya ha sido inventado». Eso dijo en 1899 Charles H. Duell, director de la Oficina de Patentes de Estados Unidos. Por supuesto Duell no estaba solo. El presidente Grover Cleveland comentó una vez en 1905 que «las mujeres sensatos y responsables no quieren votar». Más tarde, en 1923, Robert Miliken, ganador del Premio Nobel de Física, dijo: «No hay ninguna probabilidad de que el hombre pueda alguna vez manejar la energía del átomo». Lord Kelvin, presidente de la Real Sociedad de Inglaterra (una organización científica), dijo en 1885: «Máquinas voladoras más pesadas que el aire, imposible».

Mi favorita es una declaración del gran beisbolista Tris Speaker. En 1921 afirmó: «[Babe] Ruth cometió una gran equivocación cuando renunció a lanzar».

4. Perdedores continuos

Muchas personas miran sus fracasos pasados y temen el riesgo de perseguir una visión. Su lema es: «Si al principio no triunfa, destruya toda evidencia de que lo intentó». También destruyen el intento de los demás por probar otra vez.

5. Modelos satisfechos

La gente lucha por comodidad, previsión y seguridad en la vida. Pisándole los talones a la comodidad viene la complacencia; detrás de la previsión, el aburrimiento; y de la seguridad, la falta de visión. Un nido es bueno para un petirrojo mientras es un huevo, pero es malo para un petirrojo cuando tiene alas. Es un buen lugar para incubar, pero es un mal lugar para volar. Es triste cuando las personas no quieren dejar el nido de sus vidas.

En un artículo de la revista *Leadership*, Lynn Anderson describió lo que sucede cuando la gente pierde su visión. Un grupo de peregrinos llegó a las orillas de Estados Unidos hace 370 años. Con gran visión y coraje vinieron para asentarse en la nueva tierra. En el primer año establecieron un pueblo. En el segundo eligieron un concilio para el pueblo. En el tercero, el gobierno propuso construir un camino hacia el oeste internándose en la tierra inhabitada. Pero en el cuarto año, la gente trató de acusar al concilio del pueblo porque creían que tal camino hacia el bosque era un desperdicio de los fondos públicos. Los que una vez pudieron ver al otro lado del océano, ahora no podían ver cinco millas en dirección a lo inhóspito.

6. Amantes de la tradición

Los británicos siempre han sido buenos con el sistema de prebendas. John F. Parker en *Roll Call* cuenta la historia de que por más de veinte años, sin ninguna razón aparente, un guarda permanecía al pie de la escalera que conducía a la Cámara de los Comunes. Al fin alguien averiguó y descubrió que el empleo había estado en la familia del guarda por tres generaciones. Parece que se originó cuando las escaleras fueron pintadas y al abuelo del actual guardia le asignaron la tarea de advertir a la gente no pisar la pintura fresca.

Un periodista británico, refiriéndose a la situación, comentó: «La pintura se secó pero no el empleo».

7. Censista

Algunas personas nunca se sienten cómodas fuera del grupo. Desean ser una parte y no estar aparte del grupo. Estas personas solamente aceptarán la visión cuando la mayoría lo haga. Nunca están al frente.

Los verdaderos líderes siempre están en la minoría porque piensan más allá de lo que piensa la mayoría. Aun cuando la mayoría lo alcance, ya estos líderes habrán avanzado más, y de esa manera, nuevamente, estarán en la minoría.[4]

8. Perceptores de problemas

Algunas personas pueden ver un problema en cada solución. Por lo general, los obstáculos son las cosas que usted ve cuando aparta los ojos de la meta. Es interesante saber que algunas personas creen que la habilidad para ver los problemas es una señal de madurez. No es así. Es la señal de una persona sin visión. Estas personas echan a perder grandes visiones al presentar problemas sin ninguna solución.

El cardenal John Henry Newman dijo que nada sería hecho jamás si un hombre esperara hasta que pudiera hacer algo tan bien que nadie pudiera encontrar falla en ello.

9. Egoístas

Las personas que viven para sí mismas están en pequeños negocios. Nunca logran mucho. Las grandes metas son únicamente alcanzadas por el esfuerzo unido de muchos. Las personas egoístas estropean los sueños.

10. Vaticinadores del fracaso

Algunas personas tienen una facilidad para tocar las notas equivocadas. Del instrumento más fino solamente sacan una nota discordante. Todas sus canciones son en clave menor. Envían la nota del pesimismo dondequiera. Las sombras dominan sus pinturas. Su apariencia es siempre sombría, los tiempos son siempre malos y el dinero es escaso. Todo en ellos parece ser contradictorio; nada en sus vidas se expande o crece.

Estas personas son como el hombre que se reunió con muchos otros en el río Hudson para ver el lanzamiento del primer buque de vapor. Decía todo el tiempo: «Nunca le harán partir. Nunca le harán partir». Pero lo hicieron partir. El buque de vapor echó humo y comenzó a moverse con rapidez. Inmediatamente el mismo hombre dijo: «Nunca le detendrán. Nunca le detendrán».

Me encanta el proverbio chino que dice: «El hombre que dice que no puede hacerse, nunca debe interrumpir al hombre que lo está haciendo».

Establecer el ambiente apropiado: Nivel 2

El conocer a las personas y las claves de sus vidas le permitirá al líder ir al «siguiente cuadro» en el Nivel 2. Es esencial que el líder comience a influir en lo que la gente verá. Recuerde, si el líder y unos cuantos más ven el Nivel 3, entonces sabrán si el Nivel 2 está correctamente establecido para llevar a otros al área de visión. Los siguientes pasos fijarán el Nivel 2 correctamente.

Venga junto con ellos

Deje que ellos vean su corazón antes de que vean su esperanza. A la gente no le importa cuánto sabe usted, sino hasta que sabe cuánto le importa la gente a usted. Enfatizo de nuevo: Las personas apoyan al líder antes de apoyar la visión del líder. Cultive la confianza. Sea transparente y paciente. Comience donde ellos están, mirando a través de los ojos de ellos. Intente descubrir sus esperanzas y sueños. Construya un puente entre la visión de la organización y sus metas personales. Hechas correctamente, ambas cosas pueden cumplirse. Vaya a lo seguro. Recuerde, cuando usted ayuda a la gente a conseguir lo que quiere, ellos le ayudarán a conseguir lo que usted quiere. Esto puede lograrse solamente estableciendo fuertes relaciones con la gente.

Pinte el cuadro para ellos

Una vez leí que un gran maestro nunca lucha para explicar su visión; simplemente le invita a permanecer a su lado para que la vea. Convengo con la parte que se refiere a las relaciones en esta declaración, pero creo que los grandes líderes le explican su visión a la gente pintándoles un cuadro. John W. Patterson, fundador de National

Cash Register, dijo: «He tratado toda mi vida, primero de ver por mí mismo, y luego lograr que otras personas vean conmigo. Para tener éxito en los negocios es necesario hacer que el otro hombre vea las cosas como usted las ve. Ver… era el objetivo. En el sentido más amplio, soy un visualizador».

Toda gran visión tiene ciertos ingredientes, y el gran líder hace que la gente los entienda, los aprecie y los «vea»:

Horizonte: La visión que del horizonte tiene un líder le permite a la gente ver las alturas de sus posibilidades. Todo individuo determinará cuán alto él o ella quiere ir. Su responsabilidad es poner mucho cielo en el cuadro. Paul Harvey dijo que el mundo de un hombre ciego está limitado por la limitación de su tacto; el mundo de un hombre ignorante, por los límites de su conocimiento; el mundo de un gran hombre, por los límites de su visión.

Sol: Este elemento representa calor y esperanza. La luz hace brotar optimismo en la gente. Una función primordial de un líder es mantener viva la esperanza. Napoleón dijo: «Los líderes son los distribuidores de la esperanza».

Montañas: Toda visión tiene sus desafíos. Edwin Land, fundador de Polaroid, dijo: «Lo primero que usted hace es enseñar a la persona a sentir que la visión es muy importante y casi imposible. Eso suscita en el ganador el empuje».

Pájaros: Este elemento representa la libertad y el espíritu del hombre. El observar cómo un águila levanta vuelo hace que usted sienta que su propio espíritu se remonta. «Las guerras pueden pelearse con armas, pero es el espíritu de los hombres que combaten y el espíritu del hombre que dirige lo que da la victoria».[5]

Flores: El viaje hacia la realización de cualquier gran visión toma tiempo. Asegúrese de que el escenario incluya paradas de descanso, lugares para oler flores y refrescarse mental y físicamente. El éxito es la realización progresiva de una meta valiosa predeterminada.

Camino: La gente necesita dirección, un lugar donde comenzar y un camino que seguir. Un viajero que iba por una región escabrosa, preguntó al guía indio: «¿Cómo puedes hallar el camino entre picos serrados y veredas traicioneras, sin jamás perder la orientación?»

El guía respondió: «Tengo la visión cercana y la visión lejana. Con la una veo lo que está exactamente delante de mí; con la otra guío mi curso por medio de las estrellas».[6]

Usted: Nunca pinte la visión sin colocarse usted mismo en el cuadro. Esto mostrará su compromiso con la visión y su deseo de caminar con la gente a través de todo el proceso. La gente necesita un modelo. Como Warren R. Austin dijo en *UN World*: «Si usted me va a levantar, debe estar en un terreno más alto».

¿Por qué debe un líder pintar el cuadro y colocar en él las cosas mencionadas? Roger von Oech, en su libro *A Kick in the Seat of the Pants*, da una excelente respuesta:

> Dé una mirada alrededor de donde usted está sentado y encuentre cinco cosas que tengan azul en ellas. Adelante, hágalo.
>
> Con una mente preparada para lo azul, verá que el azul le salta de todas partes: un libro azul sobre la mesa, un almohadón azul en el sofá, azul en la pintura de la pared, y así por el estilo.
>
> De igual manera, usted habrá notado probablemente que después de que usted compra un carro nuevo, en seguida ve ese modelo por todas partes. Esa es la razón por la que la gente encuentra lo que busca.[7]

El líder ayuda a la gente a desarrollar esta sensibilidad y un ojo para saber lo que debe buscar. Si el cuadro ha sido pintado claramente y se le muestra continuamente, pronto otros comenzarán a ver cómo se ajusta a todo lo que hacen. Tendrán una mente fija en la visión. Luego faltará sólo una cosa para que otros puedan apropiarse de la visión.

PONGA LAS COSAS QUE ELLOS AMAN EN EL CUADRO

Las personas llevan consigo cuadros de otras personas y cosas que aman. Ponga lo que es importante para la gente dentro de la visión y habrá transferido la visión a la gente.

Durante la Segunda Guerra Mundial, se confeccionaban paracaídas por miles. Desde el punto de vista de los obreros, el trabajo era tedioso. Involucraba estar encorvado sobre la máquina de coser de ocho a diez horas diarias y dar puntadas a interminables tiras de tela blanca. El resultado era una pila amorfa de tela. Pero cada mañana les decían a los trabajadores que cada puntada era parte de una operación para salvar vidas. Les pedían que al coser cada paracaídas pensaran que ese podría ser el que usaran su cónyuge, sus hermanos, sus hijos.

Aunque el trabajo era duro y tomaba muchas horas, las mujeres y los hombres, desde una perspectiva familiar, comprendieron cuál era su contribución al gran cuadro».[8]

ABRIR LOS OJOS A LAS POSIBILIDADES: NIVEL 3

En este nivel necesitamos preguntarnos cómo hacer crecer a la gente a la medida de la visión. Esto representa la única cosa que el líder debe hacer continuamente… impulsar el crecimiento de la gente a la medida de la visión una vez que la visualiza.

Hay varios pasos que el líder de un Nivel 3 debe dar. Primero, el líder debe buscar ganadores para que se integren al equipo. Estas cualidades de los ganadores guiarán la investigación:

- Los ganadores son menos sensibles a la desaprobación y al rechazo: se los sacuden.

- Los ganadores piensan en lo esencial.

- Los ganadores se concentran en la tarea que tienen a la mano.

- Los ganadores no son supersticiosos; dicen: «Así es la vida».

- Los ganadores rehúsan igualar el fracaso a la autoestima.

- Los ganadores no restringen el pensamiento a los patrones rígidos establecidos.

- Los ganadores ven el cuadro completo.

- Los ganadores dan la bienvenida al desafío con optimismo.

- Los ganadores no desperdician el tiempo en pensamientos improductivos.

Una vez que los ganadores se han incorporado al equipo, se unen a otros como los que influyen en la organización. En este punto, es sumamente importante que el líder emplee tiempo con los que influyen para descubrir las «claves» hacia sus vidas. Se descubrirá lo que es más valioso para estos influyentes. El plan del líder para formar influyentes debe ayudarles a superar asuntos personales difíciles, proporcionar un tiempo y un lugar para que crezcan, aumentar el valor de su familia y trabajo, ayudarles a descubrir sus puntos fuertes, y conectarlos con la organización.

También, es muy importante que el líder guíe a estos ganadores. Debe exponérseles a grandes libros (pasados y presentes), grandes lugares, grandes eventos y grandes personas. Deben encontrar grandes ideas en usted, el líder, y deben desarrollar un deseo de seguir sus intereses y su visión tratando de construir una relación benéfica para ambas partes. Cuando esto ocurra, descubrirá que los ganadores se adhieren con naturalidad a la visión que usted acaricia para la organización y para ellos.

El líder exitoso del Nivel 3, verá en tres niveles:

1. *El nivel perceptible*. Lo que ahora se ve: los ojos de la realidad. Un líder escucha en este nivel.

2. *El nivel probable*. Lo que se verá: los ojos del discernimiento. Un líder dirige en este nivel.

3. *El nivel posible*. Lo que podría verse: los ojos de la visión. Un líder vive en este nivel.

La visión da poder al líder que la tiene. El líder cree no sólo que la visión puede hacerse, sino que debe hacerse. Se llevó a cabo un estudio de los sobrevivientes de un campo de concentración relativo a las características comunes de los que no sucumbieron… en los campos de concentración. Viktor Frankl era una respuesta viviente a esa pregunta. Era un siquiatra vienés de mucho éxito antes de que los nazis le arrojaran en tal campo. Años más tarde, cuando daba conferencias, decía:

> Hay una sola razón por la que estoy aquí ahora. Lo que me mantuvo vivo fueron ustedes. Otros me dieron esperanza. Soñaba que algún día estaría aquí contándoles cómo yo, Viktor Frankl, había sobrevivido en los campos de concentración nazis. Nunca he estado aquí antes, nunca he visto a alguno de ustedes antes, nunca he dado este discurso antes. Pero en mis sueños he estado delante de ustedes y he dicho estas palabras miles de veces.

Fue la visión la que le ayudó. Cuando joven aprendí este poema. Citarlo me parece una manera apropiada de terminar este capítulo.

Ah, es grande creer el sueño,
cuando en la juventud nos miramos en el centelleante
arroyo.
Pero es más grande vivir la vida,
y decir al final: el sueño se ha cumplido.

Los líderes hacen eso para sí mismos y para otros.

PRECIO DEL LIDERAZGO:

AUTODISCIPLINA

Al leer la vida de los grandes hombres me doy cuenta que la primera victoria que ganaron fue la victoria sobre sí mismos… la autodisciplina fue lo primero en todos ellos».[1]

En inglés la palabra *autocontrol* deriva de una raíz griega que significa «agarrar» o «sostener». Esta palabra describe a las personas que quieren agarrar sus vidas y tomar control de áreas que les producirán éxito o fracaso.

Aristóteles usó la misma palabra para describir «la capacidad de probar el deseo por la razón… estar resuelto y siempre listo para terminar con el desahogo natural y el dolor». Explicó que las personas que no se controlan tienen fuertes deseos que tratan de seducirlos y apartarlos del camino de la razón; pero para triunfar deben mantener esos deseos bajo control.

Una vez, dirigiendo un seminario de liderazgo, definí la disciplina al principio de la vida como la decisión de lograr lo que realmente se quiere, haciendo las cosas que usted en realidad no quiere hacer. Después de pasar algún tiempo obrando así, la disciplina se convierte en la decisión de alcanzar lo que realmente se quiere, ¡haciendo las cosas que usted ahora sí quiere hacer! Creo firmemente que podemos ser disciplinados y disfrutarlo después de años de practicar.

Los grandes líderes han entendido que su responsabilidad número uno era su propia disciplina y desarrollo personal. Si no se hubieran dirigido a sí mismos no hubieran podido dirigir a los demás. Los líderes no pueden llevar a otros más lejos de lo que ellos mismos han recorrido, porque nadie puede viajar hacia afuera si primero no ha viajado hacia adentro. Una gran persona dirigirá una gran organización, pero el crecimiento solamente es posible cuando el líder está dispuesto a «pagar el precio» por ello. Muchos líderes dotados han rehusado pagar el precio y, como resultado, han descubierto que los atajos no reditúan a largo plazo.

Esto es lo que Edwin Markham tiene que decir sobre el valor humano:

> Somos ciegos hasta que vemos
> que en el plan humano
> nada vale la pena hacer
> si no hace al hombre.
> ¿Por qué construir ciudades gloriosas,
> si el hombre mismo sin construirse queda?
> En vano construimos el mundo,
> si el constructor no es construido.[2]

EL PROCESO PARA DESARROLLAR DISCIPLINA PERSONAL

Federico el Grande de Prusia paseaba por las inmediaciones de Berlín cuando se encontró con un anciano que iba en dirección opuesta.

«¿Quién eres?», preguntó Federico.

«Soy un rey», replicó el anciano.

«¡Un rey!», se rió Federico. «¿Sobre qué reino reinas?»

«Sobre mí mismo», fue la orgullosa respuesta.

«Reinar» sobre usted mismo requiere disciplina personal.

COMIENCE CON USTED

Un periodista preguntó una vez al gran evangelista D. L. Moody qué personas le dieron más problemas. Respondió de inmediato: «He tenido más problemas con D. L. Moody que con cualquier otro hombre». El finado Samuel Hoffenstein decía: «Dondequiera que voy, yo también voy conmigo, y lo echo a perder todo». Y allí tenemos la frase clásica de Jack Paar: «Mirando hacia atrás, mi vida parece ser un largo camino de obstáculos, conmigo como el principal obstáculo».

He observado que más líderes potenciales fracasan por causas internas que por causas externas. Cada mes enseño una lección de liderazgo a mi personal, la misma que se graba y envía a otros líderes de todo el país. Recientemente hablé sobre el tema: «Cómo dejar de obstaculizarse el propio camino». Recibí una tremenda respuesta de muchos oyentes que dijeron: «Necesitaba esa lección para mi vida. ¡Yo soy mi peor problema!» La mayoría de nosotros se identifica con el letrero que vi en una oficina: «Si usted pudiera patear a la persona responsable por la mayoría de sus problemas, no podría sentarse por semanas enteras».

> No podemos viajar hacia fuera si primero no viajamos hacia dentro.

> Cuando nos falta entendimiento, queremos conquistar el mundo. Cuando somos sabios, queremos conquistarnos a nosotros mismos.

Su competidor

Tuve un enemigo cuyo rostro luchaba por conocer,
Porque seguía mis pasos, dondequiera que iba, sin verlo yo.
Mis planes desbarataba, mis propósitos pisoteaba, bloqueaba mi ruta hacia adelante
Cuando por un fin elevado me afanaba, decía con dureza:
¡No puedes!

Una noche lo tomé y firmemente lo así, quité entonces
el velo que cubría su cara
Miré su rostro al fin, y ¡oh!... era yo.

Cuando nos falta entendimiento, queremos conquistar el mundo. Cuando somos sabios, queremos conquistarnos a nosotros mismos.

COMIENCE PRONTO

Quizás el resultado más valioso de toda la educación es la capacidad de hacer las cosas que tiene que hacer cuando deben ser hechas, le guste o no le guste; es la primera lección que se debe aprender y, a pesar de lo temprano que comience la preparación de un hombre, es probablemente la última lección que aprende a conciencia.

> El trabajo difícil es la acumulación de cosas fáciles que usted no hizo cuando debía haberlas hecho.

Mis padres dieron ejemplo de disciplina e insistieron en que sus tres hijos desarrollaran ese estilo de vida. Administración del tiempo, trabajo duro, persistencia, honestidad, responsabilidad y una actitud positiva a pesar de la situación eran algo que se esperaba de nosotros. Sin embargo, no aprecié este entrenamiento hasta que fui a la universidad. Allí vi a muchos estudiantes que no podían tener control sobre su vida o estudios. Me di cuenta que tenía una decidida ventaja sobre los otros porque la disciplina ya estaba en mí. Es un hecho: cuando usted hace las cosas que debe hacer cuando deben ser hechas, llegará el día cuando hará las cosas que quiere hacer, cuando usted quiera hacerlas. El trabajo difícil es la acumulación de cosas fáciles que usted no hizo cuando debía haberlas hecho.

COMIENCE CON POCO

Lo que usted va a llegar a ser mañana, ya lo está llegando a ser ahora. Es esencial comenzar a desarrollar autodisciplina en una pequeña medida ahora, para ser disciplinado en gran medida mañana.

Un pequeño plan que será muy significativo

1. Enumere cinco áreas de su vida carentes de disciplina.

2. Colóquelas en el orden de su prioridad para conquistarlas.

3. Trabaje con una sola cosa a la vez.

4. Busque recursos tales como libros y cintas que le instruirán y motivarán para conquistar cada aérea.

5. Pida a una persona que sea un modelo de la característica que usted desea desarrollar que le permita rendirle cuentas de sus avances.

6. Emplee quince minutos cada mañana en enfocar su atención a mantener el control de esta área débil de su vida.

> Lo que usted va a llegar a ser mañana, ya lo está llegando a ser ahora.

7. Hágase un examen de cinco minutos al medio día.

8. Tome cinco minutos en la noche para evaluar su progreso.

9. Trabaje sesenta días en un área antes de pasar a la siguiente.

10. Celebre con la persona a quien le rinde cuentas de su continuo éxito.

Recuerde, tenerlo todo no significa tenerlo todo al mismo tiempo. Se requiere tiempo. Comience con poco y concéntrese en eso ahora. La lenta acumulación de disciplinas llegará un día a ser algo muy grande. Ben Franklin dijo: «Es más fácil suprimir el primer deseo que satisfacer todos los que le siguen».

COMIENCE AHORA

Como dijo John Hancock Field: «Los hombres de valor tienen buenos pensamientos, buenas ideas y buenas intenciones, pero muy pocos convierten todo eso en acción».

En 1976, el equipo de básquetbol de la Universidad de Indiana salió invicto en la temporada y ganó el campeonato nacional de la NCAA. El controversial y pintoresco entrenador Bobby Knight fue el que le llevó al campeonato. Poco después Knight fue entrevistado en el programa de televisión *60 Minutes*.

El comentarista le preguntó: «¿Por qué sus equipos de básquetbol en Indiana siempre triunfan? ¿Se debe a la voluntad de triunfar?»

> Los grandes líderes nunca se colocan por encima de sus seguidores, excepto para llevar a cabo responsabilidades.

«La voluntad de triunfar es importante», replicó Knight, «pero le diré qué es lo más importante: Es la voluntad de prepararse. Es la voluntad de salir todos los días al entrenamiento y ¡formar esos músculos y perfeccionar esas habilidades!»

Abraham Lincoln dijo: «Me alistaré y tal vez entonces mi oportunidad surja». Muchas veces no se han desarrollado las disciplinas y se han perdido las oportunidades». Carlitos, de la tira cómica «Snoopy» dijo una vez que su vida estaba revuelta porque había perdido todos los ensayos. Antes de que pueda convertirse en una «estrella», usted tiene que comenzar. Ahora es el mejor tiempo.

ORGANICE SU VIDA

«Una de las ventajas de ser desordenado es que con frecuencia hace descubrimientos emocionantes». Esa declaración de A. A.

Milne es verdad, pero los descubrimientos son demasiado tardíos y por consiguiente se pierde una oportunidad. Luego piensan que usted, como líder, está «fuera de control». Esto conduce a la incertidumbre y a la inseguridad entre los seguidores.

Cuando usted es organizado tiene un poder especial. Camina con un sentido seguro de propósito. Sus prioridades están claras en su mente. Usted orquesta los complejos acontecimientos con un toque maestro. Todo encaja en su lugar, cuando revela sus planes. Se mueve pausadamente de un proyecto al siguiente, sin desperdiciar movimiento. Durante el día usted cobra fuerza e ímpetu mientras edifica su triunfo. La gente cree sus promesas porque usted siempre cumple. Cuando entra a una junta está preparado para cualquier cosa que le arrojen. Cuando al final revela sus propósitos, resulta ganador.

Christopher Robin, en *Winnie the Pooh*, da mi definición favorita de organización: «Organizar es lo que usted hace antes de hacer algo, de manera que cuando lo hace, no está todo revuelto».

Sigue mi lista de diez puntos para la organización personal:

> El éxito depende no simplemente de cuán bien haga usted las cosas que le gustan, sino de cuán conscientemente realice esos deberes que no le gustan.

1. Establezca prioridades

Dos cosas son difíciles de lograr que la gente haga. La primera es hacer las cosas en orden de importancia, y la segunda es *continuar* haciendo las cosas en orden de importancia. William Gladstone dijo: «El hombre sabio no desperdicia energía en procurar aquello para lo que no está preparado; y es más sabio todavía quien, entre todas las cosas que puede hacer bien, escoge y resueltamente hace las mejores».

Los principales eventos, tales como hablar en conferencias, se programan con un año o dos de anticipación. La última semana de cada mes paso dos horas planeando mi agenda para los próximos treinta días. Hago una lista de las principales responsabilidades en orden de importancia y del tiempo que requieren para cumplirlas. Esta lista es el indicador que me ayuda a no salirme del camino y a permanecer en movimiento. A medida que cumplo cada tarea en el tiempo designado, la borro de mi lista mensual.

2. COLOQUE LAS PRIORIDADES EN SU CALENDARIO

Una vez que la lista está hecha, la entrego a mi asistente quien la escribe en mi calendario. Esto me protege de las presiones de afuera que diariamente reclaman mi tiempo. Esto también me hace responsable ante alguien que me ayuda a no salirme del camino.

3. RESERVE ALGÚN TIEMPO PARA LO INESPERADO

La clase de trabajo que realiza determinará la cantidad de tiempo que aparte para lo inesperado. Por ejemplo, mientras más trabaje con personas, más tiempo debe reservar. Aparto medio día a la semana para lo inesperado.

4. HAGA UN PROYECTO A LA VEZ

Un buen general pelea en un solo frente a la vez. Eso también es aplicable al buen líder. Un sentimiento de estar abrumado es el resultado de muchos proyectos que reclaman su atención. Por años he seguido este simple proceso:

> Detalle todo lo que necesita hacer.
> Establezca prioridades.
> Organice cada proyecto en una carpeta.
> Céntrese sólo en un proyecto a la vez.

5. Organice su espacio de trabajo

Mi espacio de trabajo está organizado en dos lugares: administrativo y creativo. La oficina administrativa consiste en un cuarto para reuniones de grupos pequeños, mi escritorio de trabajo y un escritorio más para mi asistente. Esto me permite comunicar constante e inmediatamente cualquier detalle a las personas clave. En esta oficina se encuentra el calendario, las computadoras y los archivos, y tengo un fácil acceso a la ayuda administrativa. La oficina creativa está separada de todos. Allí guardo mis libros, una copiadora y los archivos de mis escritos. A este lugar aislado no tiene acceso el personal y ello me permite tener un ambiente adecuado para pensar, leer y escribir.

6. Trabaje de acuerdo con su temperamento

Si usted es una persona mañanera, organice su trabajo más importante para la mañana. Obviamente, si usted es uno que comienza tarde, haga lo opuesto. Sin embargo, no permita que la debilidad de su temperamento le excuse de hacer lo que usted sabe que necesita hacer de una manera más efectiva.

7. Utilice el tiempo de manejar para inspirarse y crecer

Mi padre me dio excelentes consejos el día que cumplí dieciséis años y recibí mi licencia de manejar. Subió al auto, puso un libro en la guantera y dijo: «Hijo, nunca vayas en el automóvil sin un libro. Cuando te detenga el tráfico puedes sacar este libro y leer». En el automóvil también guardo muchas cintas y una libreta para escribir mis pensamientos. El teléfono también me permite hacer llamadas camino a casa después del trabajo. Recientemente, mientras manejaba, hice 21 llamadas y ahorré horas del tiempo de oficina. Muchas veces llevo a un miembro del personal para tratar algo y promover una relación más estrecha. Calculo que la persona promedio podría obtener ocho horas adicionales de crecimiento personal y de trabajo cada semana, utilizando con sabiduría el tiempo de manejar.

8. DESARROLLE SISTEMAS QUE FUNCIONEN PARA USTED

Bobb Biehl dice: «Los sistemas, desde hacer listas y calendarios hasta las bibliotecas y computadoras, son sus sirvientes. Le ayudan a hacer las cosas mejor y más rápidamente y, al mejorarlos, usted disminuye el tiempo a emplear y aumenta los resultados». No rechace los sistemas. Mejórelos.

9. SIEMPRE TENGA UN PLAN PARA ESOS MINUTOS ENTRE REUNIONES

Puede ahorrarse horas haciendo mejor uso de los minutos. Guardo siempre una lista de cosas que pueden hacerse en cualquier parte en poco tiempo: llamadas, memorandos, examinar informes, escribir notas de agradecimiento y dar comunicados. Tenga a la mano una lista de cosas que puede hacer en corto tiempo.

10. CÉNTRESE EN LOS RESULTADOS, NO EN LA ACTIVIDAD

¿Recuerda la definición de Peter Drucker de eficiencia (hacer las cosas bien) versus efectividad (hacer las cosas debidas)? Cuando usted emplee tiempo en la organización personal, asegúrese de mantener su mirada en hacer las cosas debidas, es decir, hacer lo que es verdaderamente importante. Luego utilice este método práctico para organizar toda su estrategia de trabajo:

> Trabaje en lo que es su fuerte el 80% del tiempo.
> Trabaje en lo que aprende el 15% del tiempo.
> Trabaje en lo que es débil el 5% del tiempo.

DÉ LA BIENVENIDA A LA RESPONSABILIDAD

Winston Churchill dijo: «El precio de la grandeza es la responsabilidad». Para aumentar su capacidad de tomar responsabilidades, haga lo siguiente:

Sea responsable por lo que usted es. Creo en esa declaración. En realidad, me gustaría que usted considerara cómo se relaciona con la investigación hecha por un psicólogo que estudió a algunas personas a fondo.

El psicólogo visitó una prisión y preguntó a varios internos: «Por qué está aquí?» Las respuestas, aunque esperadas, fueron muy reveladoras. Hubo muchas como estas: «Me acorralaron»; «Me atacaron entre varios»; «Hubo una confusión de identidad»; «Yo no fui, fue otro». ¡El psicólogo se preguntaba si se podría encontrar en otro lugar un grupo mayor de inocentes que el de una prisión!

Eso me recuerda una de las historias favoritas de Abraham Lincoln sobre el hombre que mató a sus padres, y cuando se iba a pronunciar su sentencia, suplicó misericordia pidiendo que tomaran en cuenta que era huérfano. Como el político que dijo al juez: «No es mi culpa, su señoría, ¡yo nunca habría hecho todo eso si la gente no me hubiera elegido!»

Sea responsable por lo que pueda hacer. Es raro encontrar una persona que sea responsable, que haga bien su trabajo y que siga haciéndolo bien hasta terminarlo. Pero cuando trabajos inconclusos llegan a su escritorio para que se revisen, verifiquen, editen y mejoren, obviamente alguien ha fallado en tomar las riendas de la responsabilidad.

> Soy solamente uno,
> pero aun así soy uno.
> No puedo hacer todo,
> pero puedo hacer algo;
> y porque no puedo hacer todo
> no rehusaré hacer
> ese algo que sí puedo hacer.[3]

El charco de Poncio

A veces me gustaría preguntarle a Dios, por qué permite la pobreza, el hambre, y la injusticia cuando él podría hacer algo al respecto.

¿Qué te detiene?

tengo miedo de que Dios me haga la misma pregunta

Sea responsable por lo que ha recibido. John D. Rockefeller Jr. dijo: «Creo que todo derecho implica una responsabilidad; toda oportunidad, una obligación; toda posesión, un deber». Winston Churchill dijo: «No es suficiente que hagamos lo mejor; a veces tenemos que hacer lo que se requiere». Y Jesús dijo: «Todo aquel a quien se haya dado mucho, mucho se le demandará» (Lucas 12.48).

Sea responsable ante los que dirige. Los grandes líderes nunca se colocan por encima de sus seguidores, excepto para llevar a cabo responsabilidades.

El entrenador Bo Schembechler cuenta del tercer juego de la temporada de 1970. Su universidad, Michigan Wolverines, jugaba con Texas A&M y no podía mover la bola. De pronto, Dan Dierdorf, el hombre de la línea ofensiva, probablemente el mejor del país en ese tiempo, vino corriendo por los límites del campo. Exasperado por el desempeño del equipo, gritó a Schembechler delante de todos en los límites del campo:

«¡Escucha entrenador! ¡Hagan cada jugada sobre mí! ¡Sobre mí! ¡Cada jugada!» Y lo hicieron. Michigan derribó a sus rivales seis veces seguidas y avanzó. Michigan ganó el juego.

Cuando el juego está en peligro, los grandes líderes siempre toman la responsabilidad de guiar a sus equipos a la victoria. Esta es mi historia favorita sobre el tomar la responsabilidad.

El gerente de ventas de una compañía de alimento para perros preguntó a los vendedores si les gustaba el nuevo programa publicitario de la compañía. «¿Es muy bueno, el mejor que hay en el mercado!», respondieron los vendedores.

«¿Les gusta la nueva etiqueta y el empaque?»

«¡Son muy buenos, los mejores que hay en el mercado!», respondieron los vendedores.

«¿Les gusta nuestra fuerza de ventas?»

Ellos constituían la fuerza de ventas. Tuvieron que admitir que eran buenos. «Muy bien», dijo el gerente. «Así que tenemos la mejor etiqueta, el mejor empaque y el mejor programa de publicidad, y el producto lo vende la mejor fuerza de ventas en el mercado. Díganme por qué estamos en el decimoséptimo lugar en el negocio de alimento para perros».

Hubo silencio. Finalmente, alguien dijo: «Es por culpa de esos asquerosos perros. ¡No quieren comerse el producto!»

Acepte rendir cuentas

Platón dijo: «La vida sin examinar no es una vida digna». El éxito y el poder a menudo le han quitado al líder el deseo de rendir cuentas a otros. Líderes de todas las áreas de la vida están cayendo cada vez más debido a este problema. ¿Por qué sucede esto?

La naturaleza humana no puede manejar un poder incontrolado

Abraham Lincoln dijo: «Casi todos los hombres pueden permanecer ante la adversidad, pero si usted quiere probar el carácter de un hombre, déle poder». El poder puede compararse con un gran río; mientras está dentro de sus cauces, es tanto hermoso como útil. Pero cuando se desborda, destruye. El peligro del poder radica en el hecho de que los que son investidos con él, tienden a hacer de la preservación de éste su principal preocupación. Por eso, se opondrán a cualquier cambio en las fuerzas que les dieron ese poder. La historia nos dice que el poder conduce al abuso del poder, y el abuso del poder conduce a la pérdida de poder.

George Bush oró en su discurso de toma de posesión en 1989: «Porque se nos ha dado poder no para lograr nuestros propios propósitos, ni para dar un gran espectáculo ante el mundo, ni lograr un nombre. No hay sino un uso del poder y es servir al pueblo».

LA GENTE PUEDE AISLAR FÁCILMENTE A SUS LÍDERES

Cuando Harry Truman fue puesto en la presidencia a la muerte de Roosevelt, Sam Rayburn le dio un consejo paternal: «De aquí en adelante usted va a tener mucha gente a su alrededor. Tratarán de poner una pared a su alrededor y quitarle todas las ideas para que prevalezcan las de ellos. Le dirán cuán grande hombre es, Harry. Pero usted y yo sabemos que no lo es».

Hubert H. Humphrey dijo: «No hay partido, no hay máximo ejecutivo, no hay gabinete, no hay legislatura en esta o en cualquier otra nación, que encierren la suficiente sabiduría para regir sin constante exposición a la crítica». Esto es aplicable a cualquier persona que ocupe una posición de liderazgo.

DESARROLLE INTEGRIDAD

El libro *Profiles of Leadership* revela las respuestas que los hombres de negocios y líderes gubernamentales más importantes de Estados Unidos dieron cuando les preguntaron qué cualidad creían era la más importante para el éxito como líderes. Su respuesta unánime fue: *integridad*.

La integridad es la cualidad más necesaria para el éxito en los negocios, según afirmaron 1,300 ejecutivos en una reciente encuesta. Setenta y uno por ciento la pusieron en el primer lugar de una lista de dieciséis características responsables de propiciar la efectividad de un ejecutivo. El diccionario define la palabra *integridad* como «el estado de estar completo, no dividido». Cuando los seres humanos tienen integridad, sus palabras y hechos se corresponden. Son quienes son no importa dónde estén o con quien estén. Las personas con integridad no están divididas (eso es duplicidad), ni fingen (eso es hipocresía). Están completas y su vida está «amalgamada». Las personas con integridad no tienen nada que esconder y nada que temer. Su vida es un libro abierto.

La integridad en un líder debe manifestarse diariamente en muchas maneras tangibles. Son cinco las que siempre trato de demostrar a los que dirijo.

1. Debo vivir lo que enseño. Decidir qué ser es más importante que decidir qué hacer. Con frecuencia pregunto a los jóvenes: «¿Qué vas a hacer cuando crezcas?» Pero la pregunta más importante es: «¿Qué vas a ser?» La decisión de carácter debe hacerse antes de escoger una carrera.

Al principio de mis años de liderazgo, leí este poema de Howard A. Walter y adopté los principios ahí expuestos:

Carácter

Debo ser sincero porque hay quienes confían en mí;
debo ser puro porque hay quienes se preocupan;
debo ser fuerte porque hay quienes sufren;
debo ser valiente porque hay que atreverse.
debo ser amigo de todos, los enemigos, los poco amistosos;
debo ser dador y olvidar la dádiva;
debo ser humilde porque conozco mi debilidad;
debo mirar, y reír, y amar, y levantar.

2. Debo hacer lo que digo. Si prometo algo a un subordinado, colega o superior, debo cumplir mi palabra. El Centro para Liderazgo Creativo en Greensboro, Carolina del Norte, realizó el estudio de veintiún ejecutivos con un alto potencial cuyo contrato expiró o fueron obligados a jubilarse antes de tiempo. El único defecto de carácter universal o pecado imperdonable que siempre condujo a la caída fue traicionar la confianza; es decir, no hacer algo que se prometió.

3. *Seré honesto con otros*. Si los que trabajan conmigo me encuentran alguna vez disfrazando los hechos o tapando un problema, instantáneamente perderé credibilidad. Y esto no será fácil de restaurar.

El doctor William Schultz, un conocido psicólogo que desarrolló estrategias de veracidad en la administración en Procter and Gamble y en NASA, cree que la clave de la productividad está en «cuán bien trabajan las personas juntas», y cree que nada «aumenta tanto la compatibilidad como la confianza mutua y la honestidad». El doctor Schultz dice: «Si las personas en los negocios simplemente dijeran la verdad, del 80 al 90% de sus problemas desaparecerían». La confianza y la honestidad son los medios que permiten a los individuos cooperar para que todos puedan prosperar.

4. *Pondré lo que sea mejor para los demás antes de lo que sea mejor para mí*. La organización que dirijo y aquellos con quienes trabajo deben estar primero. Cuando pongo los mejores intereses de la organización antes que los míos, mantengo la integridad ante aquellos que me contrataron. Cuando pongo los intereses de aquellos que trabajan conmigo antes que los míos, desarrollo amistad y lealtad. En la página siguiente está la pirámide de liderazgo que siempre he tratado de seguir.

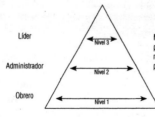

Mientras más alto asciende una persona en una organización, menos opciones y derechos personales debe poseer.

5. Seré transparente y vulnerable. Hace algún tiempo me di cuenta de que al trabajar con personas tengo dos opciones. Puedo cerrar mis brazos o abrirlos. Ambas decisiones tienen sus puntos fuertes y puntos débiles. Si cierro mis brazos, no me herirán, pero no conseguiré mucha ayuda tampoco. Si abro mis brazos probablemente me hieran, pero también recibiré ayuda. ¿Cuál ha sido mi decisión? He abierto mis brazos y he dejado que otros disfruten del viaje conmigo. Mi más grande don para otros no es mi trabajo sino mi persona. Eso es aplicable a cualquier líder.

Pague ahora, juegue después

Hay dos senderos que la gente puede tomar. Puede jugar ahora y pagar después, o pagar ahora y jugar después. Independientemente de la decisión, una cosa es cierta. La vida demanda un pago.

Mi padre me enseñó esta importante disciplina. Cada semana, nos señalaba las tareas domésticas para los siguientes siete días. Muchas de ellas podían hacerse en cualquier momento durante la semana. Nuestra obligación era haberlas terminado para el sábado a medio día. Si las habíamos terminado podíamos divertirnos con la familia. Si no, como castigo, había que olvidar la diversión y quedarse en casa para realizar la tarea. Con no cumplir el plazo solamente un par de veces, pude darme cuenta de que necesitaba «pagar primero» y terminar mi trabajo a tiempo.

Esta lección ha sido valiosa para mí y la estoy enseñando a mis hijos, Elizabeth y Joel Porter. Quiero que se den cuenta de que no hay tal cosa como un «almuerzo gratis», que la vida no es un regalo, es una inversión. Mientras más pronto puedan controlar sus deseos y someterlos a las demandas de la vida, más exitosos llegarán a ser. John Foster dijo: «Un hombre sin carácter decisivo nunca puede pertenecerse a sí mismo. Pertenece a aquello que lo cautiva». Mi amigo Bill Klassen, a menudo me recuerda que «cuando pagamos después, ¡el precio es mayor!»

«Nunca he conocido a un hombre que desquite su salario, quien a largo plazo, en lo más profundo de su corazón, no haya apreciado el trabajo arduo, la disciplina», dijo Vince Lombardi. «Creo firmemente que el mejor momento de un hombre, su más grande realización de todo lo que le es querido, es el momento cuando ha puesto su corazón en una buena causa y yace exhausto en el campo de batalla, victorioso».

DÉJESE LLEVAR POR EL CARÁCTER Y NO POR LAS EMOCIONES

La mayor parte de las cosas importantes en el mundo han sido realizadas por personas que estuvieron muy ocupadas o muy enfermas. «Hay pocos escenarios ideales o placenteros para las disciplinas del crecimiento», dijo Robert Thornton Henderson. «El 90% del trabajo en este país lo realizan personas que no se sienten bien».

No es hacer las cosas que nos gusta hacer, sino hacer las cosas que tenemos que hacer lo que produce crecimiento y nos hace triunfar. John Luther dijo: «No hay tal cosa como un trabajo perfecto. En cualquier posición encontrará algunos deberes que, si de entrada no son onerosos, con el tiempo lo serán». El éxito depende no meramente de cuán bien usted haga las cosas que le gustan, sino de cuán concienzudamente cumpla con los deberes que no le gustan.

El tenor Luciano Pavarotti es un ganador. A menudo sus admiradores lo describen como el «nuevo Caruso». En una entrevista para un periódico, el tenor de 1.83 metros y 136 kilogramos preguntó: «¿Quieren saber qué es lo más difícil para un cantante? Es sacrificarse cada momento de su vida sin ninguna excepción. Por ejemplo, si está lloviendo, no salir; coma esto, haga esto, duerma diez horas al día. No es una vida muy libre. Usted no puede montar a caballo, usted no puede nadar».

La gente exitosa quiere hacer las cosas que la gente sin éxito no quiere hacer. He observado que una de esas cosas que marca la diferencia es este asunto de ser movido por el carácter en vez de serlo por la emoción. Esta es la diferencia:

Gente movida por el carácter	Gente movida por la emoción
hace lo correcto, después se siente bien	se siente bien, después hace lo correcto
le mueve el compromiso	le mueve la conveniencia
hace decisiones basadas en principios	hace decisiones basadas en lo popular
la acción controla la actitud	la actitud controla la acción
lo cree, luego lo ve	lo ve, luego lo cree
crea el momento	espera por el momento
pregunta: «¿Cuáles son mis responsabilidades?»	pregunta: «¿Cuáles son mis derechos?»
continúa cuando surgen los problemas.	se detiene cuando surgen los problemas
es constante	es voluble
es líder	es seguidora

El finado Louis L'Amour es uno de los autores más leídos de todos los tiempos. Se han impreso cerca de 230 millones de ejemplares de sus libros en todo el mundo, y cada uno de sus más de cien libros está todavía imprimiéndose. Cuando le preguntaron cuál era la clave de su estilo literario, respondió: «Comience a escribir, no importa qué. El agua no fluye sino hasta que se abre la llave».

Ese es un buen consejo para la vida. A veces lo que necesitamos hacer es simplemente hacer algo. Ayude a alguien. A veces el sólo entrar en acción soltará el poder en nuestras vidas. Debemos adoptar como lema de nuestra vida: «El agua no fluye sino hasta que se abre la llave».

Debería alabarse más el carácter bondadoso que el talento sobresaliente. La mayoría de los talentos son, hasta cierto punto, dones.

En contraste, el carácter bondadoso no nos es dado. Tenemos que construirlo parte por parte, por medio del pensamiento, la decisión, el valor y la determinación. Esto se conseguirá solamente con un estilo de vida disciplinado.

Stephen Covey dijo:

> Si trato de usar las estrategias de influencia humana y tácticas de cómo lograr que otras personas hagan lo que quiero, trabajen mejor, estén más motivadas, les caiga bien yo y se caigan bien entre ellos, mientras mi carácter sea defectuoso, marcado por la duplicidad o la falta de sinceridad, entonces, a largo plazo no podré triunfar. Mi duplicidad originará desconfianza, y todo lo que haga, aun usar las así llamadas técnicas de relaciones humanas, será percibido como manipulador.
>
> No importa cuán buena sea la retórica o cuán buenas sean las intenciones; si hay poca o ninguna confianza, no hay fundamento para un éxito permanente. Únicamente la bondad básica da vida a la técnica.[4]

LA LECCIÓN MÁS IMPORTANTE DEL LIDERAZGO:

Desarrollo del personal

El crecimiento y desarrollo de la gente es el más alto llamamiento del liderazgo. El capítulo 7 enfatiza el desarrollo general de la gente. Este capítulo se centrará en el desarrollo del personal, pero es imposible profundizar sobre este importante tema en un solo capítulo. El propósito de este libro es contribuir a establecer un fundamento para el liderazgo. Por eso, he tratado solamente lo básico esperando que pueda ayudarle a desarrollar el líder que hay en usted. Escribiré otro libro que le capacitará para formar líderes a su alrededor.

Hace algunos años, cuando cumplí los cuarenta, hice una revisión de mi vida. Enumeré todas las actividades que realizaba en ese tiempo. Mi lista era:

> pastor titular de una congregación de 3,500 asistentes;
>
> supervisión y desarrollo de trece pastores;
>
> presidente de Injoy Inc., una compañía que prepara materiales de apoyo para miles de personas;
>
> un calendario de conferencias a nivel nacional e internacional, con más de cien compromisos anuales;
>
> producción de una cinta mensual sobre liderazgo para el Club de suscriptores de Injoy Life;
>
> escribir un libro cada dieciocho meses;
>
> trabajar para obtener otro grado académico;

y lo más importante, dedicar tiempo suficiente a mi esposa, Margaret, y a nuestros dos hijos, Elizabeth y Joel Porter.

Después de escribir la lista, mi conclusión fue doble: no tenía más horas disponibles y por eso no podía trabajar más; y, mi futuro crecimiento en producción estaría determinado por mi capacidad para trabajar a través de otras personas.

Estas dos realidades me llevaron a buscar y encontrar la lección más importante de liderazgo que jamás he aprendido:

LOS QUE ESTÁN MÁS CERCA DEL LÍDER DETERMINARÁN EL NIVEL DE ÉXITO DE ESE LÍDER.

Nicolás Maquiavelo dijo: «El primer método para calcular la inteligencia de un dirigente es mirar a los hombres que tiene a su alrededor». No estoy seguro de que este asunto esté relacionado con el coeficiente intelectual, pero sí estoy seguro que es una prueba del liderazgo. Los líderes que continúan creciendo personalmente y producen crecimiento en sus organizaciones influirán en muchos y formarán un equipo triunfador a su alrededor. Mientras mejores sean los jugadores, mejor es el que les dirige. Pocas personas tienen éxito a menos que muchas personas quieran que ellas lo tengan. Andrew Carnegie dijo: «Es un gran paso en su desarrollo, darse cuenta de que otras personas pueden ayudarle a hacer un mejor trabajo que el que haría solo».

He aquí una ilustración de lo que puede suceder en una organización, cuando las personas clave aumentan ligeramente su potencial mientras trabajan en el mismo equipo:

$$3 \times 3 \times 3 \times 3 \times 3 = \underline{243} + 25\% \text{ aumento individual}$$
$$4 \times 4 \times 4 \times 4 \times 4 = \underline{1024} + 400\% \text{ aumento del grupo}$$

Un gran líder forma un equipo que aumenta la producción. ¿Resultado? La influencia y la efectividad del líder se multiplican (trabaja a través de otros) en vez de simplemente sumarse (trabajando solo). El que ningún hombre pueda tratar de ayudar a otro sinceramente sin ayudarse a sí mismo es, según Ralph Waldo Emerson, una de las más hermosas compensaciones de esta vida.

David Jackson, fundador y jefe ejecutivo de Altos Computer Systems, dijo: «En mi experiencia, el verdadero momento de progreso de una compañía es cuando usted pasa de una a dos personas. Entonces, por lo menos, hay alguien que conteste el teléfono mientras usted almuerza».

Todos los líderes tienen anécdotas de malas experiencias al dirigir y desarrollar personal. Tal vez esta ilustración humorística nos ayudará a reírnos de nuestras experiencias pasadas y nos permitirá tener una segunda oportunidad para formar un equipo triunfador.

Casi todos saben que un líder no tiene prácticamente nada que hacer, excepto decidir qué debe hacerse; le dice a alguien que lo haga; escucha las razones de por qué no debería hacerse o por qué debería hacerse de otra manera; da seguimiento para ver si las cosas se han hecho; descubre que no se han hecho; pregunta por qué; escucha las excusas de la persona que las debería haber hecho; da seguimiento una vez más para ver si las cosas se han hecho, sólo para descubrir que se han hecho mal; señala cómo deberían haberse hecho; concluye que para lo que hasta ese momento se ha hecho, bien se podrían haber dejado las cosas como estaban; se pregunta si no será el momento de despedir a una persona que no puede hacer nada bien; reflexiona en que esa persona probablemente tenga esposa y una familia grande y que cualquier sucesor será tan malo o tal vez peor; piensa en cuán simples y mejores serían las cosas ahora, si él las hubiera hecho desde el principio; reflexiona con tristeza en que él mismo podía haberlo hecho bien en veinte minutos y, como están las cosas, ha empleado dos días para descubrir por qué le ha tomado tres semanas a alguien el hacerlo mal.

A pesar de todos los problemas que surgen en el desarrollo de personal, dos hechos son ciertos. Primero, sólo cuando desarrollamos un equipo triunfamos continuamente. Un proverbio chino dice: «Si planea para un año cultive arroz. Si planea para veinte años, cultive árboles. Si planea para siglos, cultive hombres». Segundo, sólo si desarrollamos un equipo nos multiplicaremos continuamente.

EL CUADRO DE UN EQUIPO TRIUNFADOR

Los equipos triunfadores…

* tienen grandes líderes
* escogen personas idóneas
* juegan para triunfar
* hacen más triunfadores a los otros miembros del equipo
* se mantienen en continuo mejoramiento

LOS EQUIPOS GANADORES TIENEN GRANDES LÍDERES

Todo se levanta o se viene abajo a causa del liderazgo. Hay dos maneras de lograr que otros hagan lo que usted quiere: puede obligarlos o persuadirlos. La obligación es el método de la esclavitud; la persuasión es el método de los hombres libres.

Persuadir requiere una comprensión de lo que hace a la gente funcionar y le motiva; es decir, un conocimiento de la naturaleza humana. Los grandes líderes poseen ese conocimiento.

En una encuesta reciente, se les preguntó a setenta psicólogos: «¿Qué es lo más esencial que un supervisor debe conocer sobre la naturaleza humana?» Dos tercios dijeron que la motivación, comprender lo que hace a la gente pensar, sentir y actuar como lo hace; eso es lo fundamental.

Si usted comprende lo que motiva a la gente, usted tiene a su disposición la más poderosa herramienta para tratar a aquella.

People Management ha estado estudiando las historias personales de diez mil personas desde 1961. Se descubrió que, sin excepción, las personas repiten un patrón de conducta cuando hacen algo que piensan hacen bien y lo encuentran profundamente satisfactorio. También descubrieron que los líderes excelentes subrayan esta conducta de las siguientes maneras.

Los líderes excelentes crean el ambiente adecuado

Creen en su equipo. Esto crea un ambiente apropiado para el éxito. La mejor manera de ganar y conservar la lealtad del personal es mostrar su interés y preocupación por ellos mediante palabras y acciones. Sam Walton dijo: «Los líderes destacados hacen lo posible por fomentar la autoestima en el personal. Si las personas creen en sí mismas, es sorprendente lo que pueden realizar».

Los líderes excelentes conocen las necesidades humanas básicas

Paul «Bear» Bryant, el legendario entrenador de fútbol americano de la Universidad de Alabama, dijo que hay cinco cosas que los miembros de los equipos triunfadores necesitan conocer:

1. lo que se espera de cada uno;
2. que cada uno tendrá una oportunidad para desempeñarse;
3. cómo cada uno está lográndolo;
4. que se dará guía cuando cada uno lo necesite;
5. que cada uno será recompensado de acuerdo con su contribución.

LOS LÍDERES EXCELENTES CONTROLAN LAS «3 GRANDES ÁREAS»

Cualquier líder que quiera desempeñar un papel activo en todas las áreas de la organización puede sentirse tentado a hacerse cargo de demasiadas responsabilidades. Sin embargo, tres áreas son cruciales para la autoridad y el éxito del líder:

1. **Finanzas**: porque el equipo de finanzas es el principal medio para ejercer control ejecutivo en cualquier organización.

2. **Personal**: porque la selección de personas determinará a la organización.

3. **Planeación**: porque esta área determina el futuro de la organización.

LOS LÍDERES EXCELENTES EVITAN LOS «SIETE PECADOS CAPITALES»

1. Atraerse simpatías antes que ser respetados.

2. No pedir a los miembros del equipo consejo y ayuda.

3. Frustrar el talento personal por hacer énfasis en las reglas más que en las habilidades.

4. No mantener una crítica constructiva.

5. No desarrollar un sentido de responsabilidad en los miembros del equipo.

6. Tratar a todos de la misma manera.

7. No mantener a la gente informada.

T. Boone Pickens dijo: «Hay muchas maneras de evitar las equivocaciones, pero la mejor manera de esquivar los desastres es estar disponible. Usted no tiene que tomar cada decisión, pero siempre debe estar accesible. Si su gente es lista, le mantendrá informado, y si usted está informado, usted es parte de la decisión. Con eso en su sitio, será fácil respaldar a su gente y eso eliminará conjeturas».

Los equipos ganadores escogen personas idóneas

Cuando integraba el personal para su nueva compañía de computadoras, H. Ross Perot buscó las personas más idóneas que pudo encontrar. Su lema es: «Las águilas no vuelan en bandadas. Usted tiene que encontrarlas de una en una». Quería decir que no se puede formar un equipo fuerte con individuos débiles.

Adlai E. Stevenson dijo que hay solamente tres reglas para los buenos administradores: escoger personas idóneas, decirles que no simplifiquen las cosas, y respaldarlas hasta el límite de su capacidad. Escoger gente idónea es lo más importante.

Bobb Biehl dice que del 60 al 80% del éxito de cualquier compañía u organización es atribuible a tres factores:

- una dirección clara
- el equipo apropiado de colaboradores
- finanzas sanas

Pocas cosas son tan importantes como poner a las personas adecuadas en los lugares adecuados.

Recientemente leí un artículo humorístico titulado: «A quien no contratar». Dice que no se debe contratar a alguien...

- que le acompañe su: a) esclavo, b) abogado con grabadora, c) guardaespaldas, d) oso de peluche, e) escolta policial, f) madre.
- que alardee de ser más listo que cualquiera de los tres estúpidos para los que trabajó anteriormente.
- cuyo currículo exceda a las cuarenta páginas.

- cuyo currículo esté escrito con lápiz de color.
- que hable más rápido que el hombre de los comerciales de la Federal Express.
- que silbe ante sus preguntas.
- que ocasionalmente suelte palabras alteradas.
- que rompa en llanto desgarrador cuando se le pida dar una referencia personal.
- que no pueda decidir el color del pelo y de los ojos.
- que esté, por orden judicial, bajo sedación intravenosa permanente.
- que trate de impresionar con su repertorio de chistes pesados.
- que, en el renglón «sueldo deseado» garabatee: «¡Lo quiero todo ahora!»

Mientras se ríe de todo esto, recuerde que la Ley de Murphy parecía llegar a la conclusión de que el currículo ideal aparecerá un día después de que la posición haya sido ocupada. No obstante, colocar a las personas adecuadas en los lugares adecuados es crucial para el éxito de la organización. Hay cinco principios para escoger gente, que le ayudarán a conseguir los mejores candidatos para su equipo.

1. Mientras más pequeña sea la organización, más importante es la contratación de empleados

Las organizaciones pequeñas cometen a menudo la equivocación de pensar que pueden contratar personal de inferior calidad porque son pequeñas. Lo contrario es lo acertado. En una firma de cien empleados, si uno es inferior, la pérdida es solamente del 1%, pero si la organización tiene una nómina de dos, la pérdida es del 50%. Sin embargo, lo interesante es que es mucho más fácil escoger una persona excelente que cien.

2. Sepa qué clase de persona necesita (requisitos personales)

Aquí están los 20 requisitos más importantes que busco en un miembro potencial del personal:

1. **Actitud positiva**: la habilidad de ver a las personas y a las situaciones de una manera positiva.

*2. **Alto nivel de energía**: fuerza y ánimo para trabajar duro y no agotarse.

3. **Calidez**: una manera de ser que atrae a la gente.

4. **Integridad**: confiabilidad, un buen carácter estable, palabras y acciones congruentes.

5. **Responsabilidad**: siempre termina, ausencia de excusas; trabajo asignado, trabajo terminado.

6. **Buena imagen de sí mismo**: se siente bien consigo mismo, con los otros y con la vida.

*7. **Capacidad mental**: capacidad para seguir aprendiendo a medida que el trabajo crece.

8. **Capacidad de liderazgo**: tiene influencia sobre otros.

9. **Capacidad de seguir**: voluntad para someterse, trabajar en equipo y seguir al líder.

*10. **Ausencia de problemas personales**: la vida personal, familiar y económica está en orden.

11. **Habilidad con la gente**: Habilidad para atraer gente y trabajar con ella.

12. **Sentido del humor**: disfruta de la vida, no se toma demasiado en serio.

*13. **Elasticidad**: puede «rebotar» cuando surge el problema.

*14. **Antecedentes**: tiene esperanza y éxito, está a la expectativa en dos o más situaciones.

15. **Gran deseo**: hambre de crecimiento y desarrollo personal.

16. **Autodisciplina**: deseo de «pagar el precio» y alcanzar el éxito.

17. **Creatividad**: capacidad para solucionar problemas.

18. **Flexibilidad**: no temeroso al cambio; flexible: fluye a medida que la organización crece.

19. **Ve el «cuadro completo»**: capaz de mirar más allá de los intereses personales y ver el cuadro total.

*20. **Intuitivo**: capaz de discernir y percibir una situación sin información tangible.

*Estas cosas probablemente no pueden enseñarse. Las otras puede enseñarlas un instructor, en un ambiente y con una voluntad adecuados. La mayoría de las cualidades expuestas en la lista anterior pueden evaluarse en un par de entrevistas mediante pruebas.

3. Conozca lo que el trabajo requiere

Un trabajo tiene ciertas características que requieren habilidades y rasgos de personalidad específicos. Estas diez preguntas generales ayudarán a un líder a escoger la persona idónea. ¿El trabajo requiere...

1. una persona que esté al frente o detrás del escenario?

2. una persona de aptitudes y conocimientos variados o un especialista?

3. un productor o un mantenedor?

4. una persona que trabaje con gente o con documentos?

5. un líder o uno que apoye?
6. un veterano o un novato?
7. un pensador creativo o un pensador abstracto?
8. supervisión constante o poca supervisión?
9. uno que trabaja en equipo o un individualista?
10. un compromiso a corto o a largo plazo?

Mientras más conozca sobre la clase de persona que necesita y lo que el trabajo requiere, más amplias son sus posibilidades de emplear al individuo idóneo. Kurt Einstren dice: «Emplear a la persona equivocada cuesta a la compañía por lo menos dos años de salario. Muchas veces se paga un precio más alto, no en efectivo, sino en relaciones tensas, malas relaciones públicas y falta de confianza».

A menudo me preguntan en las conferencias sobre liderazgo: «¿Cómo se sabe qué persona se debe emplear?» Me río y les digo: «Usted nunca puede estar seguro», y ¡mis antecedentes subrayan ese comentario!

Estas son algunas pautas que he tratado de seguir cuando busco personal:

- Saber lo que se necesita antes de comenzar a buscar a alguien.
- Tomar tiempo para investigar el campo.
- Llamar a muchas referencias.
- Tener varias entrevistas.
- Incluir a muchos socios en algunas entrevistas y pedir su información.
- Entrevistar a las esposas de los candidatos.
- Verificar los antecedentes de los candidatos.
- Si es posible establecer un período de prueba para ver si el trabajo y el candidato coinciden.

- Hacer preguntas difíciles tales como: «¿Por qué dejó su empleo?»; «¿Qué puede aportar?»; «¿Está dispuesto a pagar el precio?»
- Confiar en el instinto.

Quizá podrá escribir muchas observaciones. Si en el papel todo parece funcionar bien, pero usted se siente mal al respecto, proceda con calma. Es mas, retírese y deje que un socio se haga cargo; luego compare las conclusiones. Personalmente, empleo a una persona si todo se ve bien y yo me siento bien.

4. SEPA LO QUE EL MIEMBRO DEL PERSONAL POTENCIAL QUIERE

Las personas trabajan más, permanecen más tiempo y hacen mejor el trabajo cuando les gusta lo que hacen. Comprendiendo esta verdad, siempre me aseguro de que el candidato se sienta bien conmigo como el líder, con los demás miembros del equipo, y con la visión y requerimientos del equipo. Siempre les digo: «No vengan, a menos que se sientan bien». Sé que ninguna cantidad de dinero, atenciones, privilegios, ni promesas motivarán a un miembro del personal que en realidad no quiera estar en el equipo. Es importante también que la esposa se sienta bien con respecto al trabajo. Los sentimientos positivos de un miembro del personal desaparecerán lentamente si la esposa es infeliz.

5. CUANDO NO ESTÉ EN POSIBILIDADES DE EMPLEAR AL MEJOR, EMPLEE AL JOVEN QUE VA A SER EL MEJOR

Luego:

> Crea en ellos: eso les anima a correr el riesgo.
> Demuéstreles: eso producirá respeto.
> Ámelos: eso fortalecerá las relaciones.
> Conózcalos: eso personalizará el desarrollo.
> Enséñeles: eso mejorará el crecimiento.
> Confíe en ellos: eso desarrollará lealtad.

Desarróllelos: eso implicará retos
Déjelos expandirse: eso proveerá nuevas oportunidades.
Anímalos: eso asegurará los resultados.

Los equipos triunfadores juegan para ganar

La diferencia entre jugar para ganar y jugar para no perder es la diferencia entre el éxito y la mediocridad. Crecí en Ohio y me convertí en admirador del equipo de fútbol americano Big Ten. Con el paso de los años observé que el equipo Big Ten por lo general perdía el gran partido cada año en el Rose Bowl. «¿Por qué?» «¿Era el equipo Pac Ten mejor?» No, el margen de victoria no era resultado de talento. Era resultado de cómo cada equipo jugaba. Big Ten jugaba conservadoramente tratando de no perder. Pac Ten jugaba abiertamente, tratando de ganar.

Cada vez que se unen nuevos miembros al personal, les entrego una placa y les pido exhibirla en sus oficinas. La leyenda de la placa dice: «No tengo que sobrevivir». En la presentación les animo a no ser sobrevivientes. Les recuerdo que corran riesgos, hagan decisiones difíciles, vivan bien y muestren que eso vale la pena. Las personas que se aferran a lo seguro pierden oportunidades continuamente y rara vez progresan. Sucede lo mismo en el béisbol: ¡no se puede llegar a la segunda base si se tiene el pie en la primera! Este es uno de mis poemas favoritos. Describe a esas personas blandas y cautelosas:

> Era un hombre muy cuidadoso
> que nunca reía ni jugaba.
> Nunca se arriesgaba, nunca lo intentaba,
> nunca cantaba ni oraba.
> Y cuando un día murió,
> el seguro le fue negado.
> Porque si nunca en realidad vivió,
> dijeron: nunca en realidad murió.

Una encuesta reciente de trabajadores en todos Estados Unidos reveló que casi el 85% de los entrevistados dijo que podía trabajar más duro en su empleo. Más de la mitad dijo que podían duplicar su efectividad «si quisieran».[1] Los equipos triunfadores rara vez son de más talento que los perdedores. Pero son siempre más comprometidos. Quieren ganar. Pagan el precio y van tras la victoria. La multitud de las gradas se pregunta cómo pueden tener tanta suerte, pero los miembros del equipo saben que jugaron para ganar.

Los equipos triunfadores hacen a sus miembros más exitosos

En otras palabras, gracias a los otros miembros del equipo, cada jugador es mejor de lo que hubiera sido si jugara solo. Vince Lombardi, uno de los grandes entrenadores de todos los tiempos, dijo: «Comience por enseñar lo fundamental. Un jugador necesita conocer las bases del juego y cómo desempeñarse en su posición. A continuación, asegúrese de que se comporta apropiadamente. Eso es disciplina. Los hombres tienen que jugar como equipo, no como un montón de individuos Luego tienen que preocuparse unos por otros. Tienen que *amarse* los unos a los otros… La mayoría de las personas llaman a esto espíritu de equipo».[2]

Robert W. Keidel dijo que tratar de cambiar al individuo y/o la conducta del grupo, sin dirigirse al contexto organizacional, linda con la desilusión. Tarde o temprano, las estructuras burocráticas consumirán aun el proceso de colaboración más determinante. Como dijo Woody Allen una vez: «El león y el cordero pueden yacer juntos, pero el cordero no tendrá mucho sueño».

¿Qué hacer? Trabaje tanto con el león como con el cordero diseñando un trabajo de equipo dentro de la organización. Aunque los Boston Celtics han ganado dieciséis campeonatos, nunca ha despuntado su marcador en la liga y nunca han pagado a un jugador basados en su estadística individual. Los Celtics entienden que virtualmente todo aspecto del básquetbol requiere estrecha colaboración.

Hay maneras significativas de emprender la formación de un mejor equipo.

Conozca la clave para cada jugador

Cada individuo tiene una agenda personal, la «verdadera razón» por la que él o ella quiere estar en el equipo. Esa agenda personal es la clave para motivar a cada jugador.

Haga un mapa de la misión del equipo

Exhiba la visión. Desarrolle lemas organizacionales, nombres, símbolos y un eslogan. Esto fomentará el orgullo en la membresía del equipo.

Defina el papel de cada jugador

Esto ayudará a evitar rivalidades innecesarias al identificar claramente el papel de cada persona dentro del grupo. Esto también evitará el asunto de la «imparcialidad» que es común dentro del personal. Cada jugador será apreciado por su contribución al equipo.

Cree una identidad de grupo

Establezca el valor del grupo examinando y promoviendo su historia y valores. Como grupo, elaboren memorias juntos.

Use dosis liberales de «nosotros» y «nuestro»

Formar un equipo implica hacer que los miembros tengan un sentido de propiedad en lo que están haciendo como grupo. Cuando el grupo lo ha hecho bien, es importante alabar todo el esfuerzo sin singularizar a los individuos.

Comuníquese con todos

No sea un acaparador de hechos. Comunique la información a todos los afectados, no solamente a los jugadores clave. Las personas generalmente se sienten mal cuando no están subiendo. Como líder, usted sabrá que ha triunfado cuando los miembros de su equipo pongan los intereses del grupo por encima de los propios.

¿Recuerda cuando Edmund Hillary y su guía nativo Tenzing hicieron su histórica ascensión al monte Everest? Cuando descendía, Hillary repentinamente pisó en falso. Tenzing mantuvo tensa la cuerda e impidió que ambos cayeran al abismo, clavando su pico en el hielo. Más tarde Tenzing rehusó cualquier crédito por salvar la vida de Hillary; lo consideró una parte rutinaria de su trabajo. Afirmó: «Los alpinistas deben ayudarse siempre el uno al otro».

Los equipos triunfadores se mantienen en continuo mejoramiento

Cuando una organización ha terminado de mejorar, ¡ha terminado! ¿Por qué equipos profesionales de fútbol, básquetbol, béisbol, rara vez vuelven a ser campeones mundiales por años consecutivos? Principalmente por la tentación de mantener a los mismos jugadores, prácticas y estrategias que el año anterior. Muchos piensan que si ellos permanecen en su posición permanecerán en la cúspide. Eso no es verdad. Los jugadores actuales deben continuar creciendo y mejorando u otros jugadores potencialmente mejores serán traídos a la organización. El éxito continuo es resultado de un mejoramiento continuo.

El primer objetivo del líder es preparar a la gente, no descartarla.

Los estudios muestran que una capacitación diaria, más que una evaluación global anual, es más efectiva para mejorar el desempeño. Este proceso de capacitación tiene dos componentes importantes: fijar objetivos específicos y tener frecuentes revisiones de progreso.

Los objetivos especificarán los resultados finales, la extensión exacta de los alcances que el gerente espera y deben estar sujetos a programación. ¿Cuántos objetivos se le debe dar al empleado? En mi experiencia, pocos son mejor que muchos. Si el subordinado está sobrecargado, esperar que se cumplan todos los objetivos no es razonable. Recuerde, los objetivos son la primera vara de medir.

Por *resultados finales* entendemos lo que debe ser visiblemente diferente como resultado del desempeño del subordinado en el trabajo. Muy a menudo los empleados esperan ser evaluados en base al esfuerzo que están poniendo en el trabajo, en vez de lo que están logrando. Esto sucede especialmente con los que son débiles para cumplir. Es importante que el gerente aclare que se esperan ciertos resultados y que el subordinado será responsable por ellos. El gerente debe hacer todo su esfuerzo para fijar metas aceptables por ambas partes. Si hay desacuerdo, sin embargo, el gerente debe, sin vacilación, insistir en fijar los objetivos. Recuerde: el desempeño, no solamente el esfuerzo, es el criterio para alcanzar los objetivos.

Las revisiones frecuentes del progreso permiten lograr tres cosas. Primero, sirven como continuo recordatorio de que alcanzar los objetivos es importante para la carrera de la persona. Segundo, la revisión da al gerente una oportunidad de reconocer el movimiento positivo hacia los objetivos. Tercero, si no hay progreso, el gerente puede escuchar las razones para la falta de desempeño, y procurar poner al subordinado nuevamente en el camino correcto. La revisión se convierte en una reunión de solución de problemas.

Sea que el empleado progrese o no, tener una revisión permite al gerente o jefe continuar teniendo control del proceso.[3] Si actualmente más de tres personas le reportan, las probabilidades son que por lo menos usted esté inconforme con alguno de ellos. La situación por lo general tiene uno o más de estos elementos.

- La persona no está haciendo un trabajo sobresaliente, pero tampoco está haciendo un trabajo terrible; así que la mantiene cerca.
- Encontrar a alguien más que pueda hacer el trabajo significa entrevistar, contratar (correr un riesgo), y luego capacitar a la persona nueva. Usted no tiene tiempo para eso tampoco.
- La persona definitivamente no está haciendo el trabajo, pero a usted le simpatiza (o más probablemente le da lástima).
- No tiene toda la documentación que necesita para despedir a esta persona. Su última revisión fue demasiado florida y usted no ha dicho verdaderamente cuán inconforme está con el trabajo del individuo.

¿Resultado? No sucede nada. Pero recuerde que usted y la persona que necesita ser despedida no son las únicas dos personas en la ecuación. De lo que muchos líderes no se dan cuenta es que:

- La situación es bien conocida por los demás trabajadores de la organización. Nadie puede mantener un bajo rendimiento en secreto.
- Su negligencia para despedir a una persona irá en detrimento de su carrera. Como líder, su primera y más grande responsabilidad es la organización y su más alto bien. Cuando un líder pone su agenda personal por encima de la organización, esa persona representa un riesgo.
- El estado de ánimo de los otros empleados se ve afectado porque usted mantiene al trabajador de bajo rendimiento en la nómina, mientras todos los demás están llevando peso más que suficiente.

Recuerde, no es la gente a la que despide la que hace miserable la vida de usted; es la que no despide. Si tiene serias dudas sobre un miembro del personal y ha trabajado con él o ella sin éxito, es mejor poner a trabajar a esa persona en otra parte.

¿Cómo puede manejarse correctamente el despido de una persona? Bobb Biehl dice que la manera de hacerlo bien es manteniendo esta perspectiva: «Cuando despide con razón a una persona de una posición en la que está fallando, en verdad está librándola de ese fracaso y dejándola en libertad de buscar una posición en la que pueda tener éxito. Con un apropiado relevo de responsabilidades, aun es posible inyectar en la persona la emoción de anticipar una nueva posibilidad».

Obviamente el mejor libreto es entrevistar bien, contratar bien, y luego comenzar a desarrollar su personal para alcanzar el más grande potencial, tanto el de ellos como el suyo. Hay tres fases de potencial:

1. Maximizo mi potencial (vierto mi energía en mí mismo).

2. Maximizo el potencial de otros (vierto mi energía en las personas clave).

3. Ellas maximizan mi potencial (vierten su energía en mí).

Los productores sobresalen solamente en la fase 1.

Los líderes sobresalen en las fases 1 y 2.

Los líderes afortunados sobresalen en las fases 1 y 2 y experimentan la fase 3.

Tomemos un momento para detenernos y considerar sus puntos fuertes como líder. Esta evaluación le permitirá revisar esas áreas de importancia para un líder que hemos estudiado en las páginas de este libro y reforzar las áreas en las que usted necesita centrarse en el desarrollo. Encierre en un círculo el número que corresponda a su actual habilidad:

1	2	3	4	5
Dominio	Fuerte	Satisfactorio	Necesita crecimiento	Difícil

Puntos fuertes comunes a los líderes destacados

SUEÑOS 1 2 3 4 5
Nunca deje desvanecer un sueño sino hasta que usted esté listo para despertarse y hacerlo realidad.

Al trabajar con líderes, me he preguntado: «¿El hombre hace al sueño?, o ¿el sueño hace al hombre?» Mi conclusión ha sido: ambas cosas son ciertas.

FIJAR METAS 1 2 3 4 5
Una meta es un sueño con un plazo.

Si no sabe lo que quiere ni a dónde va, no conseguirá nada y no irá a ninguna parte.

INFLUENCIA 1 2 3 4 5
La esencia de todo poder para influir está en que la otra persona participe.

A la gente no le importa cuánto sabe usted, sino hasta que sabe cuánto le importa la gente a usted.

ORGANIZACIÓN PERSONAL 1 2 3 4 5
«Organizar es lo que hace antes de hacer algo, de manera que cuando lo hace no está todo desordenado». Christopher Robin en *Winnie the Pooh*

ESTABLECER PRIORIDADES 1 2 3 4 5
«Es un hombre sabio el que no desperdicia energía en tratar de hacer aquello para lo que no está preparado; y es más sabio aquel que, entre las cosas que puede hacer bien, escoge y resueltamente hace lo mejor». William Gladstone

SOLUCIÓN DE PROBLEMAS 1 2 3 4 5
«La mayoría ve los obstáculos; pocos ven los objetivos; la historia registra el éxito de los últimos, mientras que el olvido es la recompensa de los primeros». Alfred Armand Montapert

CORRER RIESGOS 1 2 3 4 5

Los riesgos no han de medirse en términos de probabilidad de éxito, sino en términos de valor de una meta.

TOMA DE DECISIONES 1 2 3 4 5

Sus decisiones serán siempre mejores si usted hace lo que es bueno para la organización, en vez de lo que es bueno para usted mismo.

CREATIVIDAD 1 2 3 4 5

Siempre hay una mejor manera... su desafío es encontrarla.

«La mente del hombre, una vez extendida por una nueva idea, nunca vuelve a sus dimensiones originales». Oliver Wendall Holmes

CONTRATAR/DESPEDIR 1 2 3 4 5

«Hay solamente tres reglas de una sana administración: escoger bien al personal, decirle que no simplifiquen las cosas, y respaldarlo para que llegue hasta el límite de su potencial. Escoger bien es lo más importante». Adlai E. Stevenson

«Cuando usted despide apropiadamente a una persona de una posición en la que está fallando, en realidad está liberándola del fracaso y dejándola en libertad para buscar una posición en la que pueda encontrar éxito». Bobb Biehl

EVALUACIÓN 1 2 3 4 5

Las personas que alcanzan su potencial pasan más tiempo preguntando: «¿Qué hago bien?» en vez de «¿Qué hago mal?»

La persona que sabe cómo, siempre tendrá un trabajo; pero la persona que sabe por qué, siempre será el jefe.

Si usted es fuerte o ha dominado cuatro áreas, está en el nivel 1. Si usted es fuerte o ha dominado ocho áreas, está en el nivel 2. Si usted es fuerte o ha dominado todas las áreas está en el nivel 3, y eso significa que tiene un fuerte equipo de apoyo que le ha permitido crecer más allá de usted mismo.

En este momento de mi vida soy afortunado de vivir en la fase del nivel 3. He crecido más allá de mis propios recursos y me estoy multiplicando en vez de sólo sumar, gracias a los que están cerca de mí. Siempre les estaré agradecido. Con ellos, continuaré liderando. Por ellos continuaré creciendo.

Algunas de estas preciosas personas son:

Margaret Maxwell: mi esposa y mejor amiga. Casarme con ella fue la mejor decisión que haya hecho jamás.

Stephen F. Babby: colega y la persona más sabia que conozco.

Dick Peterson: íntimo amigo, cuya meta en la vida es ayudarme.

Dan Reiland: mi pastor ejecutivo, cuya lealtad y energía son inigualables.

Barbara Brumagin: mi asistente, que tiene un corazón de sierva y capacidades superiores.

Melvin Maxwell: mi padre, el héroe de mi vida y guía en el liderazgo.

EPÍLOGO

Este mundo necesita líderes…

que utilicen su influencia en los momentos correctos por las razones correctas;

que tomen una mayor porción de culpa y una menor de reconocimiento;

que se dirijan a sí mismos con éxito antes de intentar dirigir a otros;

que continuamente busquen la mejor respuesta, no la acostumbrada;

que añadan valor a la gente y a la organización que dirigen;

que trabajen en beneficio de otros y no para provecho personal;

que se manejen a sí mismos con la cabeza y manejen a otros con el corazón;

que conozcan el camino, vayan por el camino y muestren el camino;

que inspiren y motiven en vez de intimidar y manipular;

que vivan con las personas para conocer sus problemas y vivan con Dios para resolverlos;

> El crecimiento y desarrollo de las personas es el más alto llamamiento del liderazgo.

que se den cuenta de que su disposición es más importante que
su posición;

que moldeen opiniones en vez de seguir las opiniones de las
encuestas;

que entiendan que una institución es el reflejo de su carácter;

que nunca se coloquen por encima de otros, excepto para llevar
a cabo responsabilidades;

que sean honestos en las cosas pequeñas como en las grandes;

que se disciplinen a sí mismos para que otros no los disciplinen;

que se topen con contrariedades y las conviertan en avances;

que sigan un compás moral en la dirección correcta no obstante las tendencias.

NOTAS

Introducción

1. David Hartley-Leonard, "Perspectives", *Newsweek*, 24 agosto 1987, p. 11.
2. Contribución de Doug Lysen, *Reader's Digest*, febrero 1989.
3. John W. Gardner, "The Nature of Leadership", Leadership Papers #1, Independent Sector, enero 1986.
4. Richard Kerr para United Technologies Corp. *Bits and Pieces*, marzo 1990.

Capítulo 1

1. James C. Georges, ParTraining Corp., Tucker, GA, entrevistado en *Executive Comunications*, enero 1987.
2. J. R. Miller, *The Building of Character* (Nueva Jersey: AMG Publishers, 1975).
3. Warren Bennis y Burt Nanus, *Leaders* (Nueva York: Harper & Row, 1985), p. 222.
4. Robert Dilenschneider, *Power and Influence: Mastering the Art of Persuasion* (Nueva York: Prentice Hall, 1990).
5. E. C. McKenzie, *Quips and Quotes* (Grand Rapids: Baker, 1980).
6. Fred Smith, *Learning to Lead* (Waco: Word, 1986), p. 117.
7. John C. Maxwell, *Be a People Person* (Wheaton: Victor, 1989).

Capítulo 2

1. R. Earl Allen, *Let it Begin in Me* (Nashville: Broadman Press, 1985).
2. William H. Cook, *Success, Motivation and the Scriptures* (Nashville: Broadman, 1974).

Capítulo 3

1. Dwight D. Eisenhower, *Great Quotes from Great Leaders*, ed. Peggy Anderson (Lombard: Great Quotations, 1989).
2. CCM *Communicator*, boletín del Council of Communication, primavera 1988.

3. Peter Drucker, *Management, Tasks, Responsibilities and Practices* (Nueva York: Harper & Row, 1974).
4. *Newsweek*, 24 agosto 1987, p. 11.
5. Joseph Bailey, "Clues for Success in the President's Job", *Harvard Bussiness Review*, 1983.
6. James Kouzes y Barry Posner, *The Leadership Challenge* (San Francisco: Jossey-Bass, 1987).

CAPÍTULO 4

1. Citado en Paul Wharton, *Stories and Parables for Preachers and Teachers* (Mahwah: Paulist, 1986).
2. Howard Hendricks, *Teaching to Change Lives* (Portland: Multnomah, 1987), p. 32.
3. Robert Lacy, *Ford: The Man and the Machine* (Nueva York: Little Brown, 1986).
4. Bobb Biehl, *Increasing your Leadership Confidence* (Sisters: Questar Publishers, 1989).
5. Melvin E. Page y H. Leon Abrams, Jr. *Your Body is Your Doctor* (New Canaan: Keats, 1972).
6. John Maxwell, *Actitud de vencedor* (Nashville: Grupo Nelson, 1997).
7. Winifield Arn, *Growth Report No.5, Ten Steps for Church Growth* (Nueva York: Harper & Row, 1977).
8. George F. Trusell, *Helping Employees Cope with Change: A Manager's Guidebook* (Buffalo: PAT Publishers, 1988).
9. Bennis y Nanus, *Leaders*.
10. Trusell, *Helping Employees*.
11. R. F. Caldwell, "The Face of Corporate Culture", *Santa Clara Today*, noviembre 1984, p. 12.
12. Max Depree, *Leadership Is an Art* (Nueva York: Doubleday, 1989), p. 87.
13. Ron Jenson, ed., *Higher Ground*.

CAPÍTULO 5

1. F. F. Fournies, *Coaching for Improved Work Performance* (Nueva York: Van Nostrand Reinhold, 1978).

2. Tomado de una cita de MacDonald en *Leaves of Gold*, A. C. Remley (Williamsport: Coslett Publishing, 1948).

3. Adaptado de G. W. Target, "The Window", en *The Window and Other Essays* (Mountain View: Pacific Press Publishing Association, 1973), pp. 5-7.

4. Biehl, *Increasing Your Leadership Confidence*.

5. Tom Wujec, *Pumping Ions: Games and Exercises to Flex Your Mind* (Nueva York: Doubleday, 1988).

6. John K. Clemens, *Hartwick Humanities in Management Report* (Oneonta: Hartwick Institute, 1989).

CAPÍTULO 6

1. Chuck Swindoll, *Improving Your Serve* (Nashville: Thomas Nelson, 2004) [*Desafío a servir* (Nashville: Grupo Nelson, 1992)].

2. Nell Mohney, "Beliefs Can Influence Attitudes", *Kingsport Times News*, 25 julio 1986, p. 4B.

3. Norman Vincent Peale, *Power of the Plus Factor* (Nueva York: Fawcet, 1988).

4. Anónimo, "Attitude", *Bartlett's Familiar Quotations*, ed. Emily Morison Beck (Boston: Little Brown, 1980).

5. Viktor Frankl, "Youth in Search of Meaning", *Moral Development Foundations*, Donald M. Joy, ed. (Nashville: Abingdon, 1983).

6. C. S. Lewis, *Mere Christianity* (Nueva York: Macmillan, 1952), p. 86.

7. Donald Robinson, "Mind Over Disease", *Reader's Digest*, marzo 1990.

CAPÍTULO 7

1. Thomas Peters y Robert Waterman, *In Search of Excellence* (Nueva York: Warner, 1984), p. 58.

2. Frankl, "Youth in Search of Meaning".

3. Stephen Ash, "The Career Doctor", citado en Michigan Department of Social Services, *No-Name Newsletter*, otoño 1986.

4. De Richard Huseman y John Hatfield, *Managing the Equity Factor* (Nueva York: Houghton Mifflin, 1989).

5. Henry David Thoreau, *Bartlet's Familiar Quotations*.

6. Ron Watts, La Croix United Methodist Church, Cape Girardeau, Missouri, comunicación personal.
7. Huseman y Hatfield, *Managing the Equity Factor*.

CAPÍTULO 8
1. Robert K. Greenleaf, *The Servant as Leader* (Mahwah: Paulist, 1977).
2. Biehl, *Increasing Your Leadership Confidence*.
3. Citado en "Weekend", *Newsday*, p. 8, 1990.
4. Harry C. McKown, *A Boy Grows Up* (Nueva York: McGraw-Hill, 1985).
5. George S. Patton, *Great Quotes from Great Leaders*, Peggy Anderson, ed. (Lombard: Great Quotations, 1989).
6. Ralph Waldo Emerson, *Bartlett's Familiar Quotations*.
7. Roger von Oech, *A Kick in the Seat of the Pants* (San Francisco: HarperCollins, 1986).
8. Denis Waitley y Reni L. Witt, *The Joy of Working* (Nueva York: Dodd, Mead & Co., 1985).

CAPÍTULO 9
1. Harry S. Truman, *Great Quotes from Great Leaders*.
2. Edwin Markham, *Great Quotes from Great Leaders*.
3. Edward Everett Hale, *Bartlett's Familiar Quotations*.
4. Covey, Stephen, *The Seven Habits of Highly Effective People: Restoring the Character Ethic* (New York: Simon and Schuster, 1989) [*Los 7 hábitos de la gente altamente efectiva* (Barcelona: Paidós Ibérica, 1996)].

CAPÍTULO 10
1. Huseman y Hatfield, *Managing the Equity Factor*.
2. Vince Lombardi, *Great Quotes from Great Leaders*.
3. William J. Morin y Lyle Yorks, *Dismisal* (San Diego: Harcourt Brace Jovanovich, 1990).